章太炎評傳下冊

目 錄

CONTENTS

第六章

齊物哲學

6.1 語言構成

章太炎出獄東渡以後，在仔細思索人們的世界觀或理論思維方式的變革，積極推進近代中國的哲學革命方面，繼續傾注了很多心力。主編《民報》時期，他發表了《無神論》、《俱分進化論》、《建立宗教論》等一系列重要哲學論文；《民報》停刊以後，他又出版了《國故論衡》、《齊物論釋》等專著，更為系統地闡述了他的哲學觀點。辛亥革命時期，在所有革命黨人中，沒有一個人像他這麼重視哲學。他建立了一個相當龐大而又個性鮮明的哲學體系。這一哲學體系，涉足的範圍之廣，探索的程度之深，超過了他自己1900年前後那幾年中所撰寫的哲學著作，也超過了近代中國其他所有的思想家。

推動章太炎哲學轉折與發展的，當然首先是他在生活和鬥爭實踐中的感受，而直接的動因，則是獄中研治佛學，特別是唯識法相哲學，以及旅居日本期間對西方哲學特別是近代德國哲學的廣泛涉獵，對中國先秦諸子哲學特別是莊子哲學的重新審視。這三個方面，是這一時期章太炎哲學三個主要的新的思想資源；這一時期章太炎獨特的哲學語言系統，也主要是由這三個方面構成的。

給予這一時期章太炎哲學嬗變與發展以最大影響的是唯識法相哲學。他曾解釋說：「僕所以獨尊法相者，則自有說。蓋近代學術漸趨實事求是之途。自漢學諸公，分析條理，遠非明儒所能企及，逮科學萌芽，而用心益複縝密矣。是故法相之學，於明代則不宜，於近代則甚適。由學術所趨然也。」[1]他又說：「自清世士大夫好言樸學，或失

---

1   太炎：《答鐵錚》，《民報》第十四號，第114—115頁。

則瑣，然詭誕私造者漸絕。轉益確質，醫方、工巧二明，於是大著。佛法者，可以質言，亦可以滑易談也；然非質言，無以應今之機。此則唯識、法相為易入。」[2]然而，章太炎雖自稱宗奉無著、世親的唯識、法相之學，卻並未真正皈依於他們門下。他說過：「學相宗者，自《成唯識論》入門，至乎《瑜伽》、《攝論》、《密嚴》、《楞伽》則止矣。學禪宗者，自唐代禪師諸語入門，漸及《壇經》，至乎《楞伽》則止矣。為繁為簡，亦各因其所好，豈專以精密深細之科條，施之於一概乎？」[3]禪宗，法相，或此或彼，各因所好，不分軒輊，此已是異端之論；法相宗中，他所推崇的《成唯識論》、《瑜伽師地論》、《攝大乘論》，固屬基本論著，《大乘密嚴經》、《大乘入楞伽經》，則為一般治法相者所不采，因為前者系密宗主要經典，後者則系達摩用以闡揚禪宗教義的最初教本。唯識論的著名研究者熊十力批評章太炎宣導法相唯識論說：「太炎于《成唯識論》之根柢與條貫，全不通曉，只摭拾若干妙語而玩味之。」[4]正反過來證實了章太炎所談的佛學，其實只是他自己的思想，佛學汗牛充棟的經論則給他提供了豐富的現成思想資料與語言。

事實上，整個印度古代哲學都使章太炎深感興趣。他不僅閱讀與鑽研了佛學各宗派的許多經論，而且注意研究了包括數論、勝論、吠檀多等各派在內的婆羅門學說。為直接閱讀梵文經典，章太炎曾特地請了一位梵文教師專門開課教習，今還保存有一份他約請魯迅及周作

2　章太炎：《題歐陽竟無書首》，見繆篆：《齊物論釋注》（油印本）第一冊，第85頁。
3　太炎：《答鐵錚》，《民報》第十四號，第115頁。
4　熊十力：《體用論》。

人兄弟二人同往聽講的便箋：「豫哉、啟明兄鑒：數日未晤。梵師密史邏已來，擇於十六日上午十時開課，此間人數無多，二君望臨期來社。此半月學費弟已墊出，無庸急急也。手肅，即頌撰祉。麟頓首。十四。」[5]他曾試圖介紹一位印度婆羅門學者至中國講授吠檀多哲學，說：「某等詳婆羅門正宗之教，本為大乘先聲，中間或相攻伐，近則佛教與婆羅門教漸已合為一家。得此扶掖，聖教當為一振。」[6]他的這番議論，在主持南京祇桓精舍的楊仁山眼中，簡直是離經叛道。楊仁山親自函覆章氏，嚴厲地斥責說：「佛法自東漢入支那，曆六朝而至唐、宋，精微奧妙之義，闡發無遺，深知如來在世，轉婆羅門而入佛教，不容絲毫假借。今當末法之時，而以婆羅門與佛教合為一家，是混亂正法，而漸入於滅亡，吾不忍聞也。」[7]楊仁山立志全力護持所謂純正佛學，視章太炎為旁門左道，並不足怪。而這也足證章太炎名為宣導佛教，其實是廣泛利用古代印度各種宗派豐富的思想資料和哲學語言構造自己的哲學體系。章太炎說：「僕往者鑄鎔經論，斷之鄙心，時有微言，多登《民報》。」[8]也正是這個意思。這一時期，章太炎接觸了一批西方哲學原著，特別是一批古代希臘哲學和近代德國哲學著作。

1906年7月，章太炎剛到東京，宋教仁往訪。宋教仁在日記中記述這次會見經過說：「（章太炎）與余一見面時，甫通姓名，即談及哲學研究之法，詢余以日本現出之哲學書以何為最？余以素未研究，

5　周作人：《記太炎先生學梵文事》，《越風》第二卷第一期。
6　末底（章太炎）：《致余同伯書》，見《楊仁山居士遺集·等不等觀雜錄》卷八。
7　楊仁山：《代余同伯答日本末底書一》，《楊仁山居士遺集·等不等觀雜錄》卷八。
8　太炎：《答夢庵》，《民報》第二十一號，第126頁。

不知門徑對之，蓋孤負其意不小矣。」[9]才出獄門，來到日本，首次晤面，便興致勃勃地討論研究哲學的方法，並急不可耐地打聽日本最近出版了哪些優秀哲學著作，表明了這位革命家、思想家對於哲學是多麼重視，並多麼注意國外最新的哲學成就。

當時，在日本大學哲學講壇上佔據支配地位的，是德國近代唯心主義哲學。1887年，東京大學從德國聘請了布塞主持哲學科講座。康得的《純粹理性批判》被指定為教本，德國哲學從此便成了日本學院哲學的主流。1893年，德國唯心主義哲學家哈特曼介紹了科柏爾接替布塞，進一步擴大了德國近代哲學在日本的影響。1897年至1904年間擔任文科大學長的日本哲學家井上哲次郎，早年曾赴德研究德國哲學，是黑格爾哲學與哈特曼哲學的熱心鼓吹者。章太炎正是在這一學術環境之中，經由日本哲學界的紹介，接觸了近代德國哲學，接著又接觸了古代希臘哲學。

章太炎回顧這段經歷時說：「既出獄，東走日本，盡瘁光復之業。鞅掌餘閒，旁覽彼土所譯希臘、德意志哲人之書，時有概述。」[10]考察一下這一時期章太炎哲學思想發展的過程，便可發現，正是柏拉圖哲學，從康得、費希特（章太炎譯作吠息特）、謝林（章太炎譯作塞楞柯、塞倫古）、黑格爾（章太炎譯作海格爾、海羯爾）到海爾巴特（章太炎譯作貝爾巴特）、叔本華（章太炎譯作索賓霍爾、肖賓河爾）、洛采（章太炎譯作洛耆圉）、哈特曼（章太炎譯作赫爾圖門、赫路托門）的德國唯心主義哲學，引導章太炎在他們所曾涉及的廣闊

9　　《我之歷史〈宋教仁日記〉》1906年7月6日，《宋教仁集》下冊，第619頁。
10　　章太炎：《菿漢微言》，第72頁。

領域內進行了思索與探求。

在這些哲學家中，給了章太炎最大影響的，當數康得。這不僅表現於康得的兩部哲學名著《純粹理性批判》與《實踐理性批判》，頻繁地為章太炎所稱引，康得所提出的許多重要概念、範疇直接地為章太炎所沿用，而且更表現於章太炎在逐步建立自己的獨特的哲學思想體系時，經常是以康得所提出的諸原理作為自己在各哲學領域深入探究的起始點，企圖依靠自己對生活實踐的考察和體驗，借助古代印度哲學及中國先秦諸子哲學在理論思維方面所作的許多貢獻，克服康得哲學所固有的各種矛盾，做到使自己的哲學能夠包含康得哲學的輝煌成就而又能比之有所前進、有所發展。至少這是他的一個努力目標。

在中國古代哲學方面，章太炎不像同時代的康有為等人那麼熱衷於宋明理學，給了他很大影響的，主要是先秦諸子的哲學，尤其是莊子哲學和與此密切關聯的老子、韓非哲學。

章太炎對《莊子》一書早有接觸，但是，他以為對此書真正有所領悟，卻是在流亡東京、經歷了許多重大事變之後。他談到此書時說：「余向者誦其文辭，理其訓詁，求其義旨，亦且二十餘歲矣，卒如浮海，不得祈嚮。涉歷世變，乃始然理解，知其剴切物情。」[11]1910年至1911年間，他撰成《齊物論釋》，自許「千載之秘，睹於一曙」[12]，「千六百年來未有等匹」[13]，「可謂一字千金」[14]。

11　章太炎：《原學》，《國故論衡》卷下。
12　章太炎：《菿漢微言》，第73頁。
13　章太炎：《致龔未生書》，溫州圖書館抄本。
14　章太炎：《自述學術次第》。

《齊物論釋》，是章太炎借疏解莊子哲學而展開本人哲學思想體系的一部代表作。他受莊子哲學影響很深，但是，他筆下的莊子思想，其實，常常是他自己夫子自道。他回顧撰述《齊物論釋》經過時，承認此書乃是以莊子哲學「與瑜伽、華嚴相會」的產物[15]。他還強調過：「康得之『批判哲學』，華嚴之事理無礙、事事無礙，乃莊生所籠罩。」[16]這些話清楚說明，莊子哲學儘管給章太炎以重大影響，卻絕不等於章太炎本人的哲學。章太炎解釋《齊物論》，其實就是要借助莊子哲學的舊軀殼，納入康得「批判哲學」與華嚴、法相哲學的新內容，以說明他自己對於哲學中諸重大問題的看法。

　　語言是思想的直接現實。在章太炎這裡，唯識法相哲學的語言，莊周哲學的語言，近代德國哲學的語言，古代希臘哲學和古代印度數論、勝論、吠檀多等各派哲學的語言，互相扭結在一起，斑駁陸離，而這也正表現了章太炎哲學語言的特色。一旦明了章太炎哲學的思想淵源及其演變的過程，使他的哲學從思想世界降到現實世界，他的哲學語言的秘密也就不難揭曉。

　　章太炎曾經非常自負地宣稱：「凡古近政俗之消息，社會都野之情狀，華梵聖哲之義諦，東西學人之所說，拘者執著而鮮通，短者執中而居間，卒之魯莽滅裂，而調和之效終未可睹。譬彼侏儒，解遘於兩大之間，無術甚矣。餘則操『齊物』以解紛，明『天倪』以為量，割制大理，莫不孫順。」[17]確認所有的社會事狀與種種思想學說的產

15　　章太炎：《蓟漢微言》，第73頁。
16　　章太炎：《齊物論釋》重定本，第55頁。
17　　章太炎：《蓟漢微言》，第73頁。

生、存在，都有其歷史的必然性，而以「天倪」即「自然之分」權衡其是非得失，決定取捨，這一態度，使章太炎從中國、印度、歐洲、日本許多學派那裡吸取了營養。他還認為：「凡諸儒林、白衣、大匠、襪師所論，縱無全是，必不全非。邊見但得中見一部，不能悉與中見反也；倒見但誤以倒為正，不能竟與正見離也。」[18]強調要善於從所謂「邊見」與「倒見」中發現「中見」與「正見」，這就使章太炎不僅能從思想相近的諸哲學中學到許多東西，而且能從觀點相異或截然相反的一些學說中發現有價值、有啟發的因素。應當說，正是持這一態度，章太炎方才能夠經過艱苦的思考與探索，使自己的社會實踐昇華，「運用古今中外的學術，糅合而成一家言的哲學體系」，「對於極大極微的宇宙、人生、社會問題，表現出自我橫沖的獨行孤見」，成為「近世」中國「第一個博學深思的人」，成為中國思想史上具有極為鮮明的「人格性的創造」的寥寥可數的幾位巨匠之一。[19]

6.2　認知之途

什麼是哲學？1908年章太炎在《規〈新世紀〉》中，提出了這一概念的近代涵義。他寫道：

哲學者，一渾淪無圻堮之名，以通言、別言之異，而袞延之度亦殊。上世哲學為通言，治此者亦或闡明算術，推尋物理，乃至政治、社會、道德、倫理諸言，亦一二陳其綱紀。此土與印度、希臘皆然。

18　章太炎：《齊物論釋》重定本，第54—55頁。
19　侯外廬：《近代中國思想學說史》下冊，第861、865頁。

是一切可稱哲學者，由其科目未分。歐洲中世，漸有形上、形下二途，而政事、法律，亦不可比於形下。近人或以文學、質學為區，卒之說原理者為一族，治物質者為一族，極人事者為一族。若夫萬類散殊，淋離無紀，而為之躡尋元始，舉群醜以歸於一，則哲學所以得名。乃如道德、倫理之說，特人類所以相齒，而近世往往附著哲學之林，此則失諸糅雜。[20]

這裡，章太炎確切地說明了，哲學所承擔的使命，與「治原理者」、「治物質者」、「極人事者」等具體科學不一樣，哲學要求為「萬類散殊，淋離無紀」的所有事物「躡尋元始」，並「舉群醜以歸於一」，對世界作出一元的解釋。

1910年6月，章太炎出版了《國故論衡》，在下卷《明見》篇中，他又將哲學扼要地解釋為「見」，即世界觀、認識論。他寫道：

九流皆言道。道者，彼也；能道者，此也。白蘿門（即婆羅門）書謂之陀爾奢那，此則言見。自宋始言道學（理學，心學，皆分別之名），今又通言哲學矣。道學者，局於一家；哲學者，名不雅故，搢紳先生難言之。孫卿曰：「慎子有見於後，無見於先；老子有見於詘，無見於信；墨子有見於齊，無見於畸；宋子有見於少，無見於多。」（《天論》）故予之名曰見者，是蔥嶺以南之典言也。

見無符驗，知一而不通類，謂之蔽（釋氏所謂倒見見取）；誠有

20　太炎：《規〈新世紀〉》，《民報》第二十四號，第42頁。

所見，無所凝滯，謂之智（釋氏所謂正見見諦）。……天道恢恢，所見固殊焉。旨遠而辭文，言有倫而思循紀，皆本其因，不以武斷。[21]

　　將哲學概括為世界觀，並以有無「符驗」及能否「無所凝滯」為權衡各種哲學價值的標準，使章太炎在自己的研究中，緊緊扣住了近代哲學的基本問題，即思維對存在、精神對自然界的關係問題，有力地推動著他對於人的認識過程，作了深入而系統的專門研究。他說過：「康得以來，治玄學者以認識論為最要，非此所得，率爾立一世界緣起，是為獨斷。」[22]正是基於這一認識，認識論在他的哲學中被提到了首要的地位。

　　認識過程是怎樣開始的？

　　《瑜伽師地論》曾有一段話，與這一問題相關。這段話說：

問：諸識生時，與幾遍行心法俱起？
答：五。一、作意；二、觸；三、受；四、想；五、思。……
作意云何？謂能引發心法。
觸云何？謂三和合故能攝受義。
受云何？謂三和合故能領納義。
想云何？謂三和合故施設所緣假合而取。……
思云何？謂三和合故令心造作，於所緣境隨與領納和合乖離。[23]

21　章太炎：《明見》，《國故論衡》，大共和日報館1912年版，第183頁。
22　章太炎：《菿漢微言》，第8頁。
23　彌勒說（梵文本與藏文譯本作無著造），玄奘譯：《瑜伽師地論》卷五十五，《大

《成唯識論》有類似說法，但次序略有不同。原文為：「此識與幾心所相應？常與觸、作意、受、想、思相應。」[24]將「觸」置於「作意」之前。

章太炎從《瑜伽師地論》與《成唯識論》中借取了「作意、觸、受、想、思」與「觸、作意、受、想、思」這一組概念，用荀子的唯物主義認識論給以解釋，說明了人的認識活動產生的過程。

早在1906年，章太炎在國學講習會所作的《論諸子學》講演中就說：

> 大抵起心分位，必更五級：其一曰作意，此能警心令起；二曰觸，此能令根（即五官）、境、識和合為一；三曰受，此能領納「順、違、俱、非」境相；四曰想，此能取境分齊；五曰思，此能取境本因。作意與觸，今稱動向；受者，今稱感覺；想者，今稱知覺；思者，今稱考察。[25]

1909年，他在《國粹學報》發表的《原名》中又寫道：

> 名之成，始於受，中於想，終於思。領納之謂受，受非愛憎不著；取象之謂想，想非呼召不微；造作之謂思，思非動變不形。（本《成唯識論》所說）

　　正新修大藏經》第三十卷，第601頁。

24　護法等造，玄奘譯：《成唯識論》卷三，《大正新修大藏經》第三十一卷，第11頁。

25　章太炎：《論諸子學》，《國學講習會略說》，第91頁。

名言者，自取象生。故孫卿曰：「緣天官。凡同類同情者，其天官之意物也同。故比方之疑似而通，是所以共其約名以相期也。」此謂想隨於受，名役於想矣。又曰：「心有徵知。徵知則緣耳而知聲可也，緣目而知形可也。然而徵知必將待天官之當簿其類然後可也。」接於五官曰受，受者謂之當簿；傳於心曰想，想者謂之徵知。26

1910年，他在《明見》一文中又說：

官有五根，物有五塵，故知而有異。凡人之知，必有五遍行境，謂之觸、作意、受、想、思。27

章太炎還在一系列文章中，對這一認識過程中的各個環節，分別作了論述。

所謂「作意」，指的是認識主體的感覺器官與思維器官在所認識的對象面前積極活動起來。

認識過程肇始於認識主體與認識對象的直接接觸，這裡，首先是眼、耳、鼻、舌、身五官從認識對象那裡接受色、聲、香、味、觸諸種表像。「夫五識者，待有五塵為其對境，然後識得現起。」28這就是說，眼識只有當各種色彩、形狀呈現於前時，方才能夠產生相應的反映，獲得這些色彩與形狀的影像。耳識、鼻識、舌識、身識，也同

26　章太炎：《原名》，《國故論衡》，第174—175頁，原載《國粹學報》己酉年第十一號。
27　章太炎：《明見》，《國故論衡》，第185頁。
28　章太炎：《建立宗教論》，《民報》第九號，第17頁。

樣只有當各種聲、臭、味、觸分別呈現於前時，方才會產生相應的反映，獲得這些聲、臭、味、觸的影像。

在認識的最初階段，諸感覺器官就不僅僅能夠分別活動，而且能同時活動；它們不僅能夠攝取某一種單獨的境相，而且能夠同時攝取紛繁複雜的多種境相。比如眼睛，它所攝取的不僅僅是一種色彩或一種形狀，它能在同一時刻攝取多種色彩與多種形狀。而能夠綜合諸種境相使之匯總成為一個整體的，則是「意識」。在認識過程的「觸、受」階段，「色、聲、香、味、觸……五者輻湊以至於前，五官同時當簿其物。雖異受，大領錄之者，意識也。」[29]

眼、耳、鼻、舌、身五識的活動，不能離開意識的活動而孤立地存在。視覺、聽覺、嗅覺、味覺、觸覺器官的活動，只有與意識的活動同時進行，才能獲得生動而豐富的感性直觀。然而，意識的作用又不僅限於此。意識的活動，不僅存在於獲得感性直觀的「觸、作意、受」階段，而且存在於使認識逐步深化的「想」與「思」階段。因此，章太炎說：「觸、作意、受，同時得容種種諸覺。……五遍行境，前三（指觸、作意、受）如面，意識與五識偕行；後二（指想、思）如線，獨任意識。」[30]

章太炎進一步考察了意識的「想」與「思」活動。

「想」與「思」的過程，是形成概念和作出判斷的過程。章太炎在論述概念形成的過程時寫道：「初起名字，惟由『想』成，所謂口

29　章太炎：《明見》，《國故論衡》，第185頁。
30　章太炎：《明見》，《國故論衡》，第186頁夾註。

呼、意呼者也；繼起名字，多由『思』成，所謂考呼者也。凡諸別名，起於取象，故由『想』位口呼而成；凡諸共名，起於概念，故由『思』位考呼而成。」[31]初起名字或別名，指單個的、各別的、具體的概念；繼起名字或共名，指普遍的、綜合的、抽象的概念。章太炎在這裡說明了，只有經由「想」，方才能對經由「觸、作意、受」獲得的諸境相作出概括，使之形成特定的稱謂（口呼）與影像（意呼）；而只有經由「思」，才能作出「考呼」，即經過比較、考察，概括同類事物的共同本質，形成判斷。這就表明，在「觸、作意、受」階段，人們通過感官與大腦，可以獲得豐富的感性直觀，它們是全部認識活動的起始點；然而，這些感性直觀獲得的印象是分散、零星、片斷的，它們必須得到綜合、整理，認識必須經過「想」與「思」這兩個階段，才能從具體上升到抽象，從局部擴展到全體，從表像深入到本質。

一個完整的認識過程，離開不了「想」與「思」，否則，就不可能對於所認識的對象獲得全面而深刻的認識。然而，意識的全部活動，包括「想」與「思」在內，說到底，都是以「觸、作意、受」為其基礎的。即便是一時心血來潮而湧現的所謂「獨頭意識」，亦不例外。「意雖猛利，於境不現前時，亦得自起『獨頭意識』。然此『獨頭意識』亦非無端猝起，要必先有『五俱意識』與五識同時取境。境既謝落，取境之心不滅，雖隔十年，『獨頭意識』猶得現前。」[32]獨頭意識，指不與眼、耳、鼻、舌、身五識同時發生而突然出現的意

---

31 章太炎：《論諸子學》，《國學講習會略說》，第91—92頁。
32 章太炎：《建立宗教論》，《民報》第九號，第17—18頁。

念；五俱意識，則是指與五識同時活動並領納五識所接受的各種境相的意識活動。章太炎在這裡說明，當所謂獨頭意識發生時，從形式上看，「對境」不在認識主體面前，五識與「五俱意識」沒有和認識對象接觸，沒有「觸、作意、受」的認識活動，但是，深入考察一下，就可明白，先前「五俱意識」與五識共同攝取的「對境」的影像，正是獨頭意識由以產生的潛在根據。獨頭意識尚是如此，其他意識活動當然更不例外。

章太炎還利用荀況所提出的「緣天官」說與佛學中的緣生說，進一步說明了意識活動與五官感知活動的關係。他在《論諸子學》疏解荀子《正名》篇「緣天官」論述時寫道：

中土書籍少言緣者，故當徵之佛書。大凡一念之起，必有四緣：一曰因緣，識種是也；二曰所緣緣，塵境是也；三曰增上緣，助伴是也；四曰等無間緣，前念是也。緣是攀附義。此云緣天官者：五官緣境，彼境是所緣緣；心緣五官見分，五官見分是增上緣，故曰：「緣耳而知聲可也，緣目而知形可也。」五官非心不能感境，故同時有「五俱意識」為五官作增上緣。心非五官，不能徵知，故複借五官見分為心作增上緣。五官感覺，惟是現量，故曰：「五官薄之而不知。」心能知覺，兼有非量、比量。初知覺時，猶未安立名言，故曰：「心徵之而無說。」徵而無說，人謂其不知，於是名字生焉。[33]

識種，即認識的主體；塵境，即認識的對象。章太炎在這裡明確

33　章太炎：《論諸子學》，《國學講習會略說》，第90—91頁。

指出，五官只能產生感性的直觀，只有當意識即「心」對五官所攝取的諸雜多的印象進行綜合、整理、加工時，分散、雜多而粗糙的感覺材料方能構成關於對象的知識。意識在這裡的作用，不僅表現於它能夠通過「現量」統覺諸雜多的感性材料，而且表現於它能夠通過「非量」與「比量」進行判斷和推理，形成概念即「名字」。但這只是問題的一個方面。問題還有另外一個方面，「心非五官，不能徵知」，即意識自身並不能直觀，大腦要進行思維活動，必須以五官所獲得的感性材料為它的基礎。

在《原名》一文中，他又重申了類似的觀點，說：

識之所對之境為所緣緣，五識與意識迭相扶助，互稱為增上緣。……增上緣者，謂之緣耳知聲、緣目知形，此名之所以成也。名雖成，藏於胸中，久而不渝，浮屠謂之法（色、聲、香、味、觸，皆感受者也；感受之境已逝，其相猶在，謂之法）。《墨經》曰：「知而不以五路，說在久。」說曰：「智者若瘧病之（訓「者」）之於瘧也，智以目見，而目以火見，而火不見，惟以五路知。久，不當以目見，若以火。」（《經下》及《經說下》）此謂瘧不自知，病瘧者知之，火不自見，用火者見之，是受、想之始也。受、想不能無五路，及其形謝，識籠其象，而思能造作。[34]

章太炎還結合《墨經》所提出的「親知、聞知、說知」學說，進一步說明「觸、作意、受」與「想、思」的關係。

34　章太炎：《原名》，《國故論衡》，第175頁。

墨家將認識世界的過程簡稱為「辯」。《墨經·小取》說：「夫辯者，將以明是非之分，審治亂之紀，明同異之處，察名實之理，處利害，決嫌疑。」墨家重客觀，貴實踐，表現在「辯」即認識論上，他們把知識按其來源不同分作親知、聞知、說知三種。《墨子·經說上》：「傳受之，聞也；方不，說也；身觀焉，親也。」在這三者之中，墨家以親知為聞知與說知的基礎。

親，就是憑藉五官直接去感知，章太炎以為相當於因明學上所說的「現量」。聞，指通過傳授獲得的知識，章太炎以為相當於因明學上所說的「聲量」。他說：「傳受為聞，故曰聲量。」[35]說，指借助推理獲得的新知，章太炎以為相當於因明學上所說的「比量」。章太炎認為，在認識的不同階段，面對不同的認識對象，親、說、聞這三種認識方法的功效各不相同。比如，赤、白等顯色，方、圓等形色，宮、徵等聲，熏、臭等香，甘、苦等味，堅、柔、躁、濕、輕、重等觸，這些現象「遇而可知，歷而可識，雖聖狂弗能易」，認識這些現象的主要方法便應是「親」即直接感知，而衡定認識是否正確，也主要依據直接經驗—「以身觀為極」。另一類事物，無法直接感知，而必須借助於間接經驗，才能認識。「往古之事，則征史傳；異域之狀，則察地志。皆非身所親歷，亦無術可以比知，其勢不能無待傳受。」這種認識方法即是「聞」。這些認識是否可靠，首先取決於這些史傳、地志等等記載是否符合實際及傳授是否正確忠實，這就是所謂「以傳受之為極」。還有一類事物，既不能通過感性直觀而認識，又不能靠傳受而得知，「阻于方域，蔽於昏冥，縣於今昔，非可以究

35　章太炎：《原名》，《國故論衡》，第177頁夾註。

省」，人們便「以其所省者善隱度其未所省者」，對這類事物或「檢之以率」，或「齊之以例」，或「儀之以物」，以便「近得其真」。這些認識是否正確，則主要看綜合、分析、演繹、歸納、推理、判斷時，是否完全符合邏輯而不自相軒輊，這就是所謂「以方不障為極」。[36]

章太炎指出：「今辯者所持，說爾。違親與聞，其辯亦不立。」[37]突出了親身感知的知識與前人或他人感知而傳承下來的知識在認識過程中的決定性作用。離開了這些感性直觀得到的知識，綜合、分析、演繹、歸納、推理、判斷等等，便根本不能成立。但個人親身感知範圍極其有限，直觀本身也往往會發生差錯，它們必須依靠「說」來衡定與辨正。以此，他提出：「凡原物者，以聞、說、親相參伍。參伍不失，故辯說之術奏。未其參伍，固無所用辯說。」[38]

康得把人的認識分作感性、知性、理性三個環節。他承認，感覺是由認識對象作用於人的感官而產生的，感性直觀是知識的源泉。他同時指出，單純的感覺所獲得的知識是不完全的，通過知性或悟性獲得的知識比之要優越得多，但後者又畢竟以前者為自己認識的基礎。他曾很精闢地說過，「沒有感性，我們就感受不到任何一個對象；沒有悟性，我們就不能思考任何一個對象。沒有內容的思維是空洞的，沒有概念的直觀是盲目的。」[39]康得正確地指出，當認識對象作用於認識主體時，一方面，會在認識主體內留下感性印象或直觀素材，另

36　章太炎：《原名》，《國故論衡》，第177頁。
37　章太炎：《原名》，《國故論衡》，第178頁。
38　章太炎：《原名》，《國故論衡》，第181頁。
39　參閱康得《純粹理性批判》中譯本，第71頁。

一方面，會觸發認識主體發揮其主觀力量來攝取和整理這些印象與素材。在此以後，認識便將從認識對象與認識主體的對峙，轉變為認識主體自身內部認識能力與感性素材的交互作用，即認識主體主觀的活動。認識主體怎樣繼續從事自身的認識活動呢？康得說，我們的一切知識固然都是從經驗開始的，卻不能說一切知識都來自經驗，因為我們的認識能力自身為認識提供了空間、時間這樣兩種「感性直觀的純形式」，又提供了單一性、多數性、總體性等十二個「知性的純粹概念或純粹範疇」，這些「先天的知識形式」，是知識的又一來源。

章太炎利用法相唯識哲學所主張的「相、見二分」說，沿著和康得相似的思維路線，將認識活動從主客觀對峙轉到認識主體之內。他說，無論是眼、耳、鼻、舌、身五識，還是由大腦產生的意識，當他們開始活動時，必定會同時產生「相、見二分」。「由有此識，而有見分、相分依之而起。如依一牛，上起兩角。」[40]什麼叫做相分、見分呢？無性《攝大乘論釋》說：「於一識中有相有見，二分俱轉。相、見二分，不即不離。……所取分名相，能取分名見。……於一識中，一分變異似所取相，一分變異似能取見。」[41]章太炎在《齊物論釋》中曾引述了這段解釋，並以為「似能取見」可訂正為「似能取相」。[42]章太炎在這裡所使用的是古代印度哲學的語言。然而，相分，或所取分，其實就相當於康得所說的感性印象或直觀素材；而見分，或能取分，就相當於康得所說的攝取或識別這些印象與素材的能力。章太炎正是借助於相分與見分，使認識從主客觀的關係轉為認識主體

40　章太炎：《建立宗教論》，《民報》第九號，第4頁。
41　無性造，玄奘譯：《攝大乘論釋》卷四。
42　章太炎：《齊物論釋》，第5頁。

主觀的活動。

認識主體是怎樣憑藉感性素材與認識能力即所謂相分與見分進行感覺與思維活動的呢？章太炎首先分析了眼、耳、鼻、舌、身五識的活動。他寫道：「五識惟以自識見分緣色及空以為相分。心緣境起，非現行則不相續；境依心起，非感覺則無所存。而此五識對色及空，不作色、空等想。」[43]眼識系以赤、白等「顯色」與方、圓等「形色」的有無為其「相分」，耳識系以聲之有無為其相分，鼻識、舌識、身識則分別以香、味、觸之有無為其相分。這五識的感覺活動，只有當「色及空」實際地刺激五官時，方才進行；一旦失去「色及空」的現行的作用，五識的活動就要中止。而「色及空」本身，也只有當五官對它們「取相」時，才能在五識中分別留下「相分」，為人們所感知；五官如果不去感覺，人們就不會感知它們的存在。所謂「此五識對色及空，不作色、空等想」，指眼、耳、鼻、舌、身雖能攝取色、聲、香、味、觸諸境相，五識自身卻不能對這些境相進行思維。要產生「色、空等想」，必須有意識的積極活動。意識是怎樣積極活動的呢？章太炎以為，除去儲存五識所接受的各種直觀素材或資訊之外，意識的活動，主要就是運用一系列「種子」或「原型觀念」來整理和加工這些素材或資訊。

章太炎說：「世識、處識、相識、數識、作用識、因果識，乃至我識，此七事者，情想之虎落，智術之垣苑」，「諸有知見，若淺若深，悉依此種子而現。」所謂世識，指現在、過去、未來等關於時間

43　章太炎：《建立宗教論》，《民報》第九號，第2頁。

的觀念；所謂處識，指點、線、面、體、中、邊、方位等關於空間的觀念；所謂相識，指色、聲、香、味、觸等關於表像的觀念；所謂數識，指一、二、三等關於數量的觀念；所謂作用識，指目的、行為等關於造作的觀念；所謂因果識，指「彼由於此，由此有彼」等關於因果關係的觀念；所謂我識，指「人我、法我」等關於自身的觀念。章太炎以為，這七種觀念是最基本的「種子」，「其他有無、是非、自共、合散、成壞等相，悉由此七種子支分觀待而生成」[44]。

　　章太炎這裡所說的「種子」或「原型觀念」，即相當於康得所說的「感性直觀的純形式」與「知性的純粹概念或純粹範疇」。章太炎以為這些「種子」或「原型觀念」俱先於意識而存在，當意識未曾活動時，它們照樣自存自在。他寫道：「意識要有種子。若無種子，當意識不起時，識已斷滅，後時何能再起？若爾，悶絕、熟眠等位，便當與死無異，云何得有覺寤？云何覺寤以後還復起心？由此證知，意雖不起，非無種子識在。」[45]他所說的這些「種子」在認識過程中所起的作用，也與康得所說「純形式」及「純範疇」相同。他確認這些種子「非獨籠罩名言，亦是相之本質」[46]，就是認定只有借助於這些「種子」或「原型觀念」，方才能夠對感性印象、直觀素材進行整理、加工，形成概念，進行推理，作出判斷。諸種現象的本質，正是由此而得出的一些總結論。這樣，在章太炎這裡，便與康得那裡一樣，人們的認識因時間、空間、因果性等的所謂先驗性質，便不再是從感覺、知覺到理性直線上升的簡單演進，也不再是機械的、明鏡般的映

44　章太炎：《齊物論釋》重定本，第55頁。
45　章太炎：《齊物論釋》重定本，第15頁。
46　章太炎：《齊物論釋》重定本，第6頁。

照與模寫。他們共同注意到了認識過程中這樣一個基本事實，這就是：從感覺開始，認識的每一階段，都回避不了既定的主觀因素的影響與作用，甚至可以說，這種既定的主觀因素在認識過程中往往還會發生支配性甚至是決定性的作用。

康得所說的「感性直觀的純形式」及「知性的純粹概念或純粹範疇」也好，章太炎所說的「種子」或「原型觀念」也好，表面上，是純主觀的東西，其實，都依然是現實世界能動的反映。時間觀念，空間觀念，因果性觀念，等等，實際上，都是人們在漫長的歷史進程中，在不斷發展的社會實踐基礎上，通過一系列的抽象，在有條件地、近似地把握對象的全體與本質過程中，逐步形成的最普遍的概念與範疇。章太炎為克服康得認識論中二元化傾向，將「種子」分作「本有種子」與「始起種子」兩類，說：

純無記（即無善無惡）者，名為本有種子。雜善惡者，名為始起種子。一切生物，無不從於進化之法而行，故必不能限於無記，而必有善惡種子與之雜糅。不雜糅者，惟最初之阿米巴爾。自爾以來，由有覆故，種種善惡漸現漸行，熏習本識成為種子。是故阿賴耶識亦有善惡種子伏藏其間，如清流水雜有魚草等物。[47]

「本有種子」，他又稱為「初種」；「始起種子」，他又稱為「受熏之種」。他說：「彼六識者，或施或受，複歸於阿羅耶。藏萬有者，

47　太炎：《俱分進化論》，《民報》第七號，第6頁。

謂之初種；六識之所歸者，謂之受熏之種。」[48]這裡，章太炎承認「始起種子」或「受熏之種」是後天的產物，是生物進化過程中不斷地反覆接受外界影響並作出反應而最終形成的一般概念，比之康得的先驗論的純形式、純粹範疇，無疑前進了一步，然而，章太炎並未認識到這些「種子」終究是客觀世界能動的反映，這就使他自己的認識論最後還是沒有能完全突破康得二元論或先驗論的侷限。

　　認識論，在中外哲學中，都是一個古老的課題。然而，在古代，哲學家們對此大多只作了片斷的研究。比之宇宙論、人生論，這是一個遠為落後的領域。到了近代，伴隨著資本主義的發生與發展，人們的眼界較之往昔無可比擬地擴大了。自然界、社會以及人們自身，都有巨量問題有待探究與認識。從哲學的普遍性深入考察認識的性質與起源，了解認識能力的發展及其限度，確定認識的真理性並不斷改善認識世界的方法，成了空前急迫而重要的任務。在西方各國，近300年來，認識論有了突飛猛進的發展，一躍而成為近代哲學的中心。在近代中國，由於傳統的宇宙觀、人生觀對人們精神的桎梏過於強固，決定了哲學的首要使命，就是直接引進西方的進化論與之相抗擷，好使人們的精神從窒息狀態中蘇醒過來。康有為、嚴復、譚嗣同等人，或多或少地都曾注意過探究認識論方面的問題，但整個說來，這個領域遲遲未能擺脫中世紀的落後狀態。章太炎對於認識論的專門研究，使這一狀態發生了決定性的轉變。從《訄書》到《民報》、《國故論衡》、《齊物論釋》，章太炎對於認識論一步比一步深入的研究表明，他是多麼認真地研究了包括康得、洛克等人在內的西方近代哲學關於

48　章太炎：《辨性》上，《國故論衡》，第197—198頁。

認識論的學說，又多麼仔細地發掘了中國古代哲學中墨子、荀子、法相唯識哲學關於認識論的珍貴遺產。他以巨大的理論勇氣，對認識過程中一系列重大問題進行了追蹤與思考，並引導人們從新的角度去探究這些問題，這對確立正確的認知之路無疑是一有力的推動。

6.3 「真如」本體

康得在其早期，曾經相當科學地說明了太陽系的「系統結構」以及它形成與發展的過程，建立了唯物主義宇宙觀的基礎。當時，他充滿自信地宣稱過：「給我物質，我就用它造出一個宇宙來。」然而，研究的深入使他發現，建立在古典力學基礎上的物質機械運動不足以解釋生命、思維、意識的活動，他於是設想在種種具體現象之後，有一個獨立存在的「自在之物」。一方面是人們通過感性和理性的認識活動形成的關於種種現象的知識，另一方面是獨立於意識而存在的「物自體」，這二者之間的分離與對立，於是便成了康得哲學的一個主要特徵。從主觀與客觀、精神與「物」、現象與「自在之物」相分離與相對立的二元論，康得得出了「自在之物」不可知的結論。

章太炎的思想也經歷了類似的演變過程，儘管他這一轉變，從形式到結論，都具有自己獨特的性格，與康得不盡相同。

19世紀90年代，章太炎依據近代天體運行學說、細胞學說、分子學說和進化論成就，說明了宇宙運動和人類形成的過程，建立了具有近代特色的唯物主義宇宙觀。這時，就世界範圍來說，自然科學比之康得時代有了突飛猛進的發展，然而，中國的思想家們當時即使竭盡

心力，對於這些也只能有一知半解的了解。因此，昔日苦惱著康得的問題，這時也苦惱著章太炎。他發現，任何一種確定的物質，都不能充當宇宙全部事物的本體；任何一種具體的運動形式與運動規律，都不足以概括宇宙萬象分歧複雜的演化；尤其是生命與意識的活動，更非舊唯物論的機械運動所能說明。為了解決這些矛盾，他循著與康得相似的思路，企圖在宇宙所有現象包括人的意識之外，尋求一獨立的本體與運動形式，並以此為基幹建立他的哲學體系。

章太炎從唯識法相哲學中直接借助了思想資料。

章太炎將獨立於宇宙萬物和意識、思維之外的自在之物稱作「真如」。「《成唯識論》云：真如即是唯識實性。以識之實性不可言狀，故強名之曰如。」[49]在他的哲學思想體系之中，這個不可言狀而強名之曰「如」的自在之物，既是萬物之源，也是萬物本體。

為了說明「真如」的含義，章太炎將「真如」與柏拉圖的「理念」作了一番比較。他說：「在遍計所執之名言中，即無自性；離遍計所執之名言外，實有自性」的「圓成實自性」，「或稱真如，或稱法界，或稱涅槃，而柏拉圖所謂伊跌耶者，亦往往近其區域。佛家以為正智所緣，乃為真如，柏拉圖以為明了智識之對境，為伊跌耶，其比例亦多相類。乃至言哲學創宗教者，無不建立一物以為本體，其所有之實相雖異，其所舉之形式是同，是圓成實自性之當立，固有智者所認可也。」[50]伊跌耶，是柏拉圖哲學的最高概念與核心「idea」的音譯。

49　章太炎：《辨性》下，《國故論衡》，第211頁自注。
50　章太炎：《建立宗教論》，《民報》第九號，第2—3頁。

伊跌耶，在柏拉圖那裡，指事物所包含的一般、普遍或共性。柏拉圖以理念為宇宙萬物的本體。他宣稱，只有理念才是真實的存在，而各種變化無常的具體現象，則都是非真實的存在。他還聲稱，理念不僅絕對不能自感官得知，而且遠遠超出通常所說的悟性所能理解的範圍，人們僅可通過哲學的刻苦努力去追尋。章太炎以為，就這些方面來說，「真如」與「理念」非常相近。

然而，章太炎的「真如」與柏拉圖的「理念」又絕非一事。

柏拉圖的「理念」，是一種先驗的觀念。柏拉圖因之將理念世界與現實世界看成兩個不同的世界，並斷言，前者先於後者，並高於後者。由此，柏拉圖的哲學走向客觀唯心主義。章太炎不同意柏拉圖的這些觀點。他認為，理念世界就存在於現實世界之中。在現實世界之上或現實世界之外，並無一獨立的理念世界。在現實世界之中，「一切形相，皆無實體」，這是因為這些具體的形相都處在無窮無盡的變化之中，「以有轉變，非不可改，故說無實」[51]。真如超越於所有這些具體的形相，但是，它並非游離於所有這些具體的形相而形成一獨立的世界。真如的存在就體現於一切具體形相的無窮變化之中。以此，他批評柏拉圖所說的獨立自在的「理念世界」純是「懸想」的產物，「本無而強施為有」[52]。

柏拉圖將理念視為游離於現實世界之外的獨立的存在，便難以解釋大千世界一切現實的事物為什麼會存在。為了克服這一矛盾，柏拉

51　章太炎：《齊物論釋》重定本，第62頁。
52　章太炎：《規〈新世紀〉》，《民報》第二十四號，第4頁。

254　章 太 炎 評 傳

圖便提出了一切事物的個體俱系理念與非理念的統一這樣的理論。對此，章太炎也不同意。他曾經寫道：「如柏拉圖，可謂善說伊跌耶矣。然其謂一切個體之存在，非即伊跌耶，亦非離伊跌耶。伊跌耶是有，而非此則為非有，彼個體者，則兼有與非有。夫有與非有之不可得兼，猶水火相滅、青與非青之不相容也。伊跌耶既是實有，以何因緣不遍一切世界，而令世界尚留非有？複以何等因緣，令此有者能現影於非有，而調合之以為有及非有？若云此實有者本在非有以外，則此非有亦在實有以外。既有『非有』可與『實有』對立，則雖暫名為『非有』，而終不得不認其為『有』。其名與實適相反矣。」[53]在這裡，章太炎著重指出，柏拉圖一面以「理念」為唯一的實有，同時又在「非有」的名義下給另一個本體留下了地盤，這就陷入了自相矛盾。章太炎以為，這正是「伊跌耶」不同於「真如」的地方。

章太炎在將「真如」與柏拉圖的「理念」作了比較研究之後，又將「真如」與《韓非子・解老篇》中所說的「道」作了一番比較研究。

在《國故論衡・原道》中，章太炎寫道：

韓非曰：「道者，萬物之所然，萬理之所稽也。理者，成物之文；道者，萬物之所以成。物有理不可以相薄，而道盡稽萬物之理，故不得不化。不得不化，故無常操；無常操，是以死生氣稟焉，萬智斟酌焉，萬事廢興焉。天得之以高，地得之以藏，維門得之以成其威，日月得之以恒其光，五常得之以常其位，列星得之以端其行，四

53　章太炎：《建立宗教論》，《民報》第九號，第7—8頁。

時得之以禦其變氣，軒轅得之以擅四方，赤松得之以與天地統，聖人得之以成文章。道與堯、舜俱智，與接、輿俱狂，與桀、紂俱滅，與湯、武俱昌。譬諸飲水，溺者多飲之即死，渴者適飲之即生。譬若劍戟，愚人以行忿則禍生，聖人以誅暴則福成。故得之以死，得之以生，得之以敗，得之以成。」此其言道，猶浮屠之言「如」耶（譯皆作「真如」，然本但一「如」字）。有差別，此謂理；無差別，此謂道。死生成敗皆道也。[54]

在《韓非子·解老篇》中，道是客觀實在，萬物之源，又是萬事萬物生滅變化的總規律。章太炎以為，這裡所說的「道」，與「真如」是一個意思。

韓非指出，萬物各循其理，道則盡稽萬物之理。這裡的「理」，指的是萬事萬物各別的規律、法則；「道」，指的則是所有這些「理」的根本與統會。「理」的差別性反映了世界無窮無盡的各種事物相互之間的差異，而「道」的無差別性則反映了世界的統一性。章太炎以為，「真如」的無差別性及「真如差別之相」的關係，與此也極為相似。真如是無差別的本體，正如《成唯識論》所說：「真，謂真實，顯非虛妄；如，謂如常，表無變易；謂此真實，於一切位，常如其性，故曰真如。」[55]然而，真如之相則又有千差萬別。《佛地經論》說：「真如即是諸法實性，無顛倒性，與一切法，不一不異。體唯一味，隨相分多，……乃至窮盡一切法門，皆是真如差別之相。」[56]章

54　章太炎：《原道》下，《國故論衡》，第169頁。
55　《成唯識論》卷九，《大正新修大藏經》第三十一卷，第48頁。
56　親光等造，玄奘譯：《佛地經論》卷七，《大正新修大藏經》第二十六卷，第

太炎這裡強調「有差別，此謂理；無差別，此謂道」，即是以「道」為「真如」，而以「理」為「真如差別之相」。

這就表明，在章太炎的哲學中，真如與韓非《解老》中的「道」一樣，乃是獨立於意識之外的客觀實在，它存在於宇宙萬物之中，又不等於宇宙萬物，它構成宇宙萬物統一的本體。

章太炎所最為欣賞的，還是康得關於「自在之物」的詮釋。他以十分讚歎的口氣寫道：「康得見及物如，幾與佛說真如等矣。」[57]

康得以「自在之物」為萬物本體，為唯一的客觀實在，唯一的不取決於或受制約於人們意識活動的獨立實體。宇宙間所有現象都是相對的、暫時的、有條件的存在，只有「自在之物」方才具有實在性、普遍性和永久性的品格。這些，正是章太炎所說的「真如」的主要特徵。

章太炎說：「真如本識，非因緣生。」又說：「真如本識，無有緣起。」[58]這就是將真如看作自在自為的存在，確認它絕不受制約於他物，而為宇宙萬象的總根本、世界萬物的總源。

真如，又稱如來藏。章太炎在說明如來藏的特性以及它與現象界的關係時說：「佛法雖稱無我，只就藏識生滅說耳。其如來藏自性不變，即是佛性，即是真我，是實，是遍，是常。而眾人未能自證，徒以生滅者為我，我豈可得邪？……今應說言：依真我（如來藏，是

323頁。

57　章太炎：《菿漢微言》，第24頁。

58　章太炎：《菿漢微言》，第30—31頁。

實、遍、常），起幻我（阿賴耶，非實、遍、常）；依幻我，說無我；依無我，說真我。」[59]這裡的「我」，即通常所說的「本質」、「本性」。而所謂「真我」，則相當於康得所說的「自在之物」。在中國，早在1903年，梁啟超在《近世第一大哲康得之學說》中就說過：「案：佛說有所謂真如。真如者，即康得所謂真我，有自由性者也。有所謂無明。無明者，即康得所謂現象之我，為不可避之理所束縛，無自由性者也。」[60]章太炎這裡所說的「真我」與「幻我」，即相當於康得的所謂「真我」與「現象之我」。如來藏自性不變，是實，是遍，是常，相當於自在之物是自在自為的獨立實體，具有實在性、普遍性和永久性的品格；以生滅者為我，我不可得，則相當於現象之我，包括所有物質現象與精神現象在內，由於處在永不止息的生滅變化之中，都只能是非實在、非普遍、非恒常的幻相。章太炎所說的「依真我，起幻我」，指的是現象世界正是憑依真如本體而產生；「依幻我，說無我」，指的是不承認任何物質現象與精神現象具有永恆的、普遍的、實在的性質，而看到它們必然產生，又必然滅亡；「依無我，說真我」，指的是只有確認所有的具體事物、具體現象都處在不斷的生滅之中，才能理解為什麼只有「真如」方才是世界本體，是唯一普遍、永久而真實的存在。

　　康得的「自在之物」，在《純粹理性批判》中，被規定為非認識對象。康得認為，有兩種不同的對象，「即一方面是屬於經驗的感官和知性的對象，另一方面是屬於力圖超越經驗界限的孤離的理性而只

59　章太炎：《菿漢微言》，第4頁。
60　梁啟超：《近世第一大哲康得之學說》，《新民叢報》第二十五、二十六、二十八、四十六至四十八期。

為人們所思維的對象」[61]。前一對象，指廣大的現象界；後一對象，指「自在之物」。康得說：「認識一對象，我必須能夠證明它的可能性（從其為經驗所證實的現實性來證明，或者先天地由理性來證明）。」可是，對於「思維──對象」自在之物來說，由於它處於人們的經驗界限之外，無論依靠人的感性直觀能力還是先天的知性能力，人們除去可以思及它確實是客觀存在之外，不可能對它有更多的了解。據此，康得斷然宣稱：「我們不能對作為物自體的對象有任何知識，而只能有關於感性直觀的對象即現象的知識。」[62]就這一方面而言，章太炎的「真如」與康得的「自在之物」也幾乎完全一致。

章太炎所說的真如「在遍計所執之名言中，即無自性；離遍計所執之名言外，實有自性」，與康得將「自在之物」規定為非認識對象就如出一轍。所謂遍計所執之名言，指從哲學角度來對事物進行綜合與分析所使用的各種概念與範疇，如色與空、自與他、內與外、能與所、體與用、一與異、有與無、生與滅、斷與常、來與去、因與果等等。章太炎認為，所有這些分別、範疇，皆「由意識周遍計度刻畫而成」，「離於意識，則不得有此差別」。使用這樣一些概念來分析各個具體的事物，就這些事物自身而言，無所增加，亦無所減損，所以，這些概念與範疇，「其名雖有，其義絕無」[63]。真如，既為宇宙萬物之源，當然也就不能利用這樣一些概念與範疇去規定它的性質。「離遍計所執之名言外，實有自性」，正是確認真如有完全不依賴於意識的「周遍計度刻畫」活動而自在自為的客觀實在性，它絕非什麼虛無

61　康得：《純粹理性批判》，三聯書店，1957年版，第13頁。
62　康得：《純粹理性批判》，第17頁。
63　章太炎：《建立宗教論》，《民報》第九號，第1頁。

縹緲、不可捉摸的抽象觀念。

章太炎說：「自來哲學、宗教諸師，其果于建立本體者，則於本體之中，複為之構畫內容，較計差別，而不悟其所謂有者，乃適成遍計所執之有。于非有中起增益執，其本體即不成本體矣。」[64]這裡所批評的，不僅有舊唯物論，而且有舊唯心論，還有各種宗教教義。自在之物也好，真如也好，作為宇宙萬物的本體，就意味著不容許與它相平行或者相對立的一切異己物同時存在，也不容許在其內部「構畫內容，較計差別」，這和康得所說的「我們不能對作為物自體的對象有任何知識」，實際上是同一個意思。

章太炎對康得的「自在之物」學說唯一的保留，就是他不同意康得徑直宣佈自在之物並非認識對象，因而不可知。他寫道：康得「終言物如非認識境界，故不可知。此但解以知知之，不解以不知知之也。卓犖如此，而不窺此法門」[65]。以不知知之，本於《莊子·知北遊》，指超越於聞、見、言這三種認識方法，憑藉冥想、本能、直覺與靈感，領悟不可聞、不可見、不可言的「道」。章太炎認為，依靠這種方法，真如或自在之物便可由不可知一變而為可知。

章太炎還借助於《成唯識論》所說的「心心所四分法」，來說明真如可以親自證知。心心所四分法，指人們的意識活動，除去能覺的「見分」與所覺的「相分」之外，還有所謂「自證分」與「證自證分」。「相、見所依自體名事，即自證分。」「複有第四證自證分，此

64　章太炎：《建立宗教論》，《民報》第九號，第3頁。
65　章太炎：《菿漢微言》，第24頁。

若無者，誰證第三？」[66]章太炎認為，康得之所以遽然作出自在之物不可知的結論，就是「由彼知有相、見二分，不曉自證分、證自證分故」[67]。

「自證分」與「證自證分」究竟是怎麼一回事呢？章太炎本人曾有過疏解。他寫道：「人心有相分、見分、自證分、證自證分。前二易知，後二難驗。今舉一例驗之。如素所知見，或往時嘗已起此志願，久漸忘之，輾轉誤思，而當時即知其誤；猝然念得，而當時即知其不誤。此猝然念得者，不依見聞，不依書史，即自證分也；此當時知其不誤者，亦不依見聞，不依書史，即證自證分也。」[68]所謂「不依見聞，不依書史」，和《莊子・知北遊》中所說的超越見、聞、言的「以不知知之」相同，實際上就是憑藉本能、直覺、靈感。儘管「猝然念得」亦有過去「素所知見」與「往時嘗已起此志願」為其潛在的基礎，但是，對於本體「真如」的把握，不是通過對憑藉感覺和思維而獲得的全部知識高度的概括與抽象，而是通過所謂「猝然念得」。這個事實本身，就說明了章太炎以「真如」為可知，同康得以「自在之物」為不可知，實際上並無原則分歧。因為康得一面宣稱「自在之物」屬於不可認識的彼岸世界，另一方面，仍然確信無疑地承認它的客觀存在，承認它是現象界萬事萬物統一性的依據，是感性材料與感性經驗的來源，章太炎的所謂「可知」，也並未逾越這個範圍。

66　《成唯識論》卷二，《大正新修大藏經》第三十一卷，第10頁。
67　章太炎：《菿漢微言》，第8頁。
68　章太炎：《菿漢微言》，第39頁。

康得之後，究竟怎樣理解康得所說的「自在之物」，一直是一個不斷引發激烈爭端的重要問題。康得的許多後繼者把「自在之物」看作康得哲學的一個贅疣，或康得哲學中一個無足輕重的部分，而將它加以拋棄。費希特、叔本華以及在日本哲學講壇上影響甚大的哈特曼，便都是如此。而承認在人們的意識之外有某種「自在之物」正是康得哲學中所包含的主要唯物主義成分。章太炎一反費希特、叔本華、哈特曼等人的論調，給康得堅持「自在之物」的存在以很高評價，並對自己所堅持的「真如」作了類似於「自在之物」的解釋，表明這一時期章太炎並沒有完全背棄自己先前的唯物主義宇宙論。他的企圖是在先前的基礎上提高一步。他說過：「蠕生者之察萬物，得其相，無由得其體。……有文教者得其體矣，太上有唯識論，其次有唯物論。識者，以自證而知；物者，以觸、受而知。皆有現量，故可就成也。」他又說過：「凡非自證及直覺、感覺所得者，皆是意識織妄所成。故不能真知唯識者，寧持唯物。」[69]章太炎以「真如」為客觀實在，為萬物之源和萬物之本，並以「真如」只能憑藉「自證」而知，與康得堅持「自在之物」的存在一樣，確實都不是以唯物主義宇宙觀為敵，而是希望借此避免舊唯物論執著於一隅的缺陷，為現象界萬事萬物的統一性尋求客觀實在的依據。

章太炎口說「太上有唯識論」，就他對「真如」所作的解釋及對康得「自在之物」所作的評價而言，他已對唯識法相哲學進行了改造。康得哲學以二元論為其主要特徵，在思維與存在、意識與物質、精神與自然之間畫了一條鴻溝。章太炎企圖借助唯識法相哲學在意識

69　章太炎：《辨性》下，《國故論衡》，第210頁。

與眼、耳、鼻、舌、身五識之外設置的第八識阿賴耶識和第七識末那識來填補這一鴻溝。

他說，阿賴耶，又作阿羅耶、阿黎耶、阿陀那，「玄奘譯義為藏識。校其名相，亦可言『處』，亦可言『臧』，當此土『匼字』之義」[70]。阿陀那，則「譯義為持」[71]。為「處」，為「臧」，為「持」，就是指其中蘊集和潛藏有全部「種子」。「阿賴耶識，無始時來，有種種界，如蜀黍聚。即此種種界中，有十二範疇相，有色空相，有三世相。乃至六識種子，皆在阿賴耶中。」[72]在阿賴耶識中，蘊藏著時間、空間、十二範疇和各種事物的「種子」以及眼、耳、鼻、舌、身、意六識的「種子」，它們像玉蜀黍的顆粒團團聚集在一起那樣，「無始時來」就存在著。這可以說是「阿賴耶識」的第一個特徵。

章太炎繼而說，阿賴耶識也分為能見分和所見分兩個部分，然而，「賴耶惟以自識見分緣自識中一切種子以為相分」，它的「能見分」所見的只是自身所蘊藏的諸「種子」。正因為如此，「其心不必現行，而其境可以常在」[73]，就是說，阿賴耶的能見分即使未曾活動，由它所蘊集的諸種子構成的境象依然不受絲毫影響地存在著。同時，阿賴耶儘管也包含有能見分與所見分，它自身卻不能像意識那樣形成有關所見相的各種觀點。「賴耶雖緣色空、自他、內外、能所、體用、一異、有無、生滅、斷常、來去、因果以為其境，而此數者，各有自相，未嘗更互相屬，其緣此自相者，亦惟緣此自相種子，而無

70 章太炎：《明見》自注，《國故論衡》，第184頁。
71 章太炎：《齊物論釋》重定本，第6頁。
72 章太炎：《建立宗教論》，《民報》第九號，第18頁。
73 章太炎：《建立宗教論》，《民報》第九號，第2頁。

現行色空、自他、內外、能所、體用、一異、有無、生滅、斷常、來去、因果等想。」[74]這就是說，阿賴耶識中各類種子自身都不直接地表現為觀念形態，阿賴耶識的「能見分」分別以各類不同的「種子」為自己的「所見相」，也同樣不會產生相應的觀念。這也恰好說明，「阿賴耶識」並非觀念性的東西。這可以說是章太炎的「阿賴耶識」的第二個特徵。

章太炎所說的「阿賴耶識」，還有一個重要特徵，這就是「阿賴耶識恒轉如瀑流」[75]，它處在永久的運動和變化之中。章太炎認為，正是由於阿賴耶識的運動，方才會產生六塵、六根、六識等「諸法」[76]。「《易》曰：『大哉乾元，萬物資始。』乾元者何？動是也。諸法因動而見，故曰資始。」[77]阿賴耶識自身的運動，為什麼會導致六塵、六根、六法的產生呢？章太炎答稱：「群動本無所宗。」[78]「群動冥生，非有為之元本者。」[79]「迷一法界，乃成六識、六根、六塵。」[80]「萬法因迷而起。」[81]「佛典言十二緣生，第一支為無明，第八支為愛。無明發業，愛欲潤生，由是一切法生，流注不絕。」[82]此處「冥生」、「因迷而起」、「無明發業」，意思完全相同，指六塵、六根、六識的產生，完全是「阿賴耶識」自在自為的運動，其間沒有

74　章太炎：《建立宗教論》，《民報》第九號，第18頁。
75　章太炎：《菿漢微言》，第33頁。
76　六塵：指聲、色、香、味、觸、法。六根，指眼、耳、鼻、舌、身、意。六識：指眼識、耳識、鼻識、舌識、身識、意識。
77　章太炎：《菿漢微言》，第43頁。
78　章太炎：《易論》，《檢論》卷一，第26頁。
79　章太炎：《自述學術次第》。
80　章太炎：《齊物論釋》，第44頁自注。
81　章太炎：《大乘佛教緣起說》，《民報》第十九號，第22頁。
82　章太炎：《菿漢微言》，第18頁。

任何理性或意識在支配。所以，他又說：「萬物之生，皆其自化，則無作者。不覺故動，則非自然。」[83]

從這些特徵可以看出，「真如」作為萬物本體，只是一至為單純的「客觀實在」，而「阿賴耶識」作為「真如」的顯現物，則具有了豐滿的內容，它實際上成了包含有全部現實世界景相的活動著的實體，它代表著游離於人類意識之外的全部客觀世界。

章太炎說：「凡起心時，皆是意識，而非阿賴耶識。」[84]這就是說，認識活動純屬意識運動，阿賴耶識自身不會產生關於自己的任何觀念。他認為，阿賴耶識中儘管包含有色空、自他、能所、體用、一異、有無、生滅、斷常、來去、因果等等「種子」，它自身卻不會意識到這些區別的存在，只有在純屬主觀的意識產生以後，方能產生有關這些區別的種種觀念。「若色、若空、若自、若他、若內、若外、若能、若所、若體、若用、若一、若異、若有、若無、若生、若滅、若斷、若常、若來、若去、若因、若果，離於意識，則不得有此差別。」[85]由於將由觀念所描繪的整個世界都看成了主觀意識活動的產物，章太炎便根本不承認觀念世界具有任何客觀實在性，以至宣稱：「宇宙本非實有，要待意想安立為有。」[86]「世界本無，不待消滅而始為無。今之有器世間，為眾生依止之所，本由眾生眼翳見病所成，都非實有。」「是則眾生既盡，世界必無毫毛圭撮之存。」[87]只要不

83　章太炎：《菿漢微言》，第28頁。
84　章太炎：《建立宗教論》，《民報》第九號，第17頁。
85　章太炎：《建立宗教論》，《民報》第九號，第1頁。
86　章太炎：《建立宗教論》，《民報》第九號，第16頁。
87　章太炎：《五無論》，《民報》第十六號，第9頁。

存在人的意識活動，經由觀念而表現出來的世界景象、秩序，也就一概蕩然無存。將觀念形態的東西說成純然主觀的產物，從而徹底否定古往今來全部觀念形態的真理性、神聖性，固然淋漓盡致，非常痛快，但是，章太炎自己也無法自圓其說。所以，他又說：「尋生本際，生無本際，惟是無明業力引生相續。」[88]將世界的全部運動歸之於「無明業力引生相續」。

既然全部觀念形態及它們所表現的整個世界都是虛幻的、空無的或非實在的，為什麼人們卻經常以為由觀念所描繪的世界為真實存在的呢？章太炎說，這全是因為在阿賴耶識同眼、耳、鼻、舌、身、意六識之間，存在有一個中間環節，即末那識。

末那，譯義為「意」。它之為「意」，與作為第六識意識本根的「意」並不相同。眼、耳、鼻、舌、身五識以色、聲、香、味、觸五塵為自己的認識對象，意識以「法塵」為自己的認識對象，而末那識則不然。「末那惟以自識見分緣阿賴耶以為相分，即此相分，便執為我，或執為法。」[89]末那識以阿賴耶識為自己的認識對象，並以阿賴耶識為自身或他物的本質，以此與阿賴耶識相聯結。但是，末那識本身也不形成我、法等觀念，它「雖執賴耶，以此為我，以此為法，而無現行我法等想」[90]。執此阿賴耶識為本質而形成我、法等概念，仍然有待於意識的活動。末那識的作用還表現在它又是「意根」，是眼、耳、鼻、舌、身、意六識依存之所，以此而與六識相聯結。正是

88　章太炎：《菿漢微言》，第18頁。
89　章太炎：《建立宗教論》，《民報》第九號，第2頁。
90　章太炎：《建立宗教論》，《民報》第九號，第2頁。

通過末那識的仲介、過渡和聯結，阿賴耶識中的種子方才轉化為意識中純主觀的觀念，意識方才執持這些主觀的觀念所描繪的景象為實有，所以，它實際上代表「認識主體」。

章太炎對阿賴耶識所作的解釋，使本體「真如」與紛繁複雜的現象世界不再相互脫節，但是，他拒不承認或者說根本沒有意識到，本體的絕對的客觀實在性正存在於諸種現象相對的客觀實在性之中，他以諸種現象的相對性、暫時性、表面性，否定它們具有任何確定的、客觀的內在本質，這樣，他就不可能正確地認識本體與現象之間既矛盾又統一的辯證關係，也就不可能正確地解決使本體「真如」與現象世界相互脫節的問題。他對末那識所作的解釋，使外部世界與意識活動通過這個認識主體而銜接起來；但是，他拒不承認或者說根本沒有意識到，外部世界的客觀性與實在性正表現在認識的主觀性與有限性之中，這樣，他就不可能正確地認識意識活動的主觀性與外部世界的客觀性既矛盾而又統一的辯證關係，也就不可能正確地解決思維與存在的同一性問題。結果，他自以為克服了康得的二元論傾向，事實上，卻正在這個關鍵問題上重複了康得的二元論。

6.4 「齊物」之旨

章太炎循著康得的思想路線，對思維的源泉、範圍，對思維主體與思維能力的侷限，逐一作了深入的考察，建立了自己的唯識論哲學體系。他詳細說明了認識的過程與要領，又通過將思維與存在對立起來的辦法，推翻一切已經達到或即將達到客觀真理、絕對真理和終結

真理的說教。他強調「是雲非雲，不由天降，非自地作，此皆生於人心」[91]，強調「見、相本無定法」，「能覺者既殊，則所覺者非定」[92]，強調「是非所印，宙合不同，悉由人心順違，以成串習」[93]，對所有的觀念形態，包括康得視作至高無上的「理性」在內，是否具有永恆真理性，都作出了否定的答案。

然而，章太炎在這個比之康得更為徹底的否定後面，並非毫無肯定。他提倡所謂「齊物」哲學。「體非形器，故自在而無對；理絕名言，故平等而咸適。」[94]這是他對所謂「齊物」哲學所作的最為簡明扼要的概括。「體非形器，故自在而無對」，說的是要從一切矛盾或康得所說的「二律背反」中解脫出來而進入自由王國，就必須確認只有「真如」才是唯一的本體，其他任何有一定形體、器質的東西，都不可能是世界萬物的根本與源泉。他在解釋「齊物」一詞的含義時說過：「齊物者，一往平等之談。詳其實義，非獨等視有情，無所優劣，蓋離言說相，離名字相，離心緣相，乃合齊物之義。」[95]離言說相，離名字相，離心緣相，就是要使人們對現象世界的認識，超越認識所固有的主觀性、片面性，超越人們在認識過程中經常將現象世界絕對化、凝固化的傾向，直達「真如」本體，覺悟到現象世界儘管氣象萬千，它們的本體毫無例外地都是那永恆而唯一的客觀實在「真如」。章太炎以為，只有這樣，才能真正達到「一往平等」。「理絕名言，故平等而咸適」，說的是要真正實現平等，就必須將人們所宣佈

91　章太炎：《齊物論釋》，第15頁。
92　章太炎：《齊物論釋》，第45—46頁。
93　章太炎：《齊物論釋》，第14頁。
94　章太炎：《齊物論釋序》，《齊物論釋》書首。
95　章太炎：《齊物論釋》，第1頁。

的這樣或那樣的規律、法則、天理、公理等等一概加以掃除，正視和承認一切現實的差別，使之各得其所。掃除以往種種自封為絕對真理的規律、法則、天理、公理，並非可以胡作非為。「齊物者，吹萬不同，使其自己。……不慕往古，不師異域，清問下民，以制其中。……其要在廢私智，絕懸，不身質疑事，而因眾以參伍。」[96]沒有什麼絕對真理、客觀真理，人們所作所為，當「一切以利益眾生為念」[97]。這就是章太炎的「真如」哲學運用於實踐得出的總結論。

於此可見，章太炎力圖從哲學上結束人的思維與行動具有絕對性質與最終性質的想法，「清問下民」、「因眾以參伍」和「一切以利益眾生為念」，為認識論的發展提出了一個充滿了民主主義精神的新標準。章太炎主張「清問下民」、「因眾以參伍」、「一切以利益眾生為念」，以為只能以此為衡定是非的最終標準，他在這裡提出了廣大民眾與社會生活本身在衡定人的思維真理性中具有決定性作用這樣的問題。然而，究竟怎樣科學地認識社會生活，又究竟怎樣「清問下民」，這些問題在他那裡都沒有解決。

從先前對平等、自由、進化充滿信心走向否定人的思維和行動具有絕對性質與最終性質，是對哲學的認知不斷深化的結果，同時，也是對平等、自由、進化的期待在生活實踐中不斷受挫乃至破滅，深深刺激了他的結果。

章太炎向西方學習，大體上經歷了三個階段。甲午戰爭以後，他

96　章太炎：《原道》上，《國故論衡》，第159頁。
97　章太炎：《建立宗教論》，《民報》第九號，第21頁。

向西方學得的主要是進化論；1900年以後，他向西方學習的主要內容是資產階級社會學和以自由、平等、博愛為價值取向的政治、法律、經濟、文化、教育、宗教等學說；1906年出獄來到東京以後，他極為熱心而精心研讀的則是西方的哲學著作以及當時在日本革命志士中風行一時的社會主義與無政府主義學說。

章太炎對西方資本主義世界曾經非常嚮往。對於如何針對中國的實際情況，找到在中國建立資本主義制度的通途，他進行過認真的探索。然而，第三次來到日本以後，隨著對於資本主義的現實了解逐漸深入，對於資本主義制度下社會矛盾的發展感受較為直接而具體，聯繫到資本主義在中國的發展帶來的一系列新的社會問題，他的思想開始發生了重要變化。

對於資本主義這種社會制度究竟應當怎麼認識？對於中國資本主義的發展究竟應當採取什麼態度？章太炎對這些問題的探索與思考，1902年至1903年間，就已受到日本早期社會主義思潮的影響。這次來到日本，他同日本著名的社會主義活動家幸德秋水、堺利彥、山川均、大杉榮等人有了直接交往。幸德秋水早就以其名著《二十世紀之怪物帝國主義》、《社會主義廣長舌》和《社會主義神髓》等在中國革命者中享有盛譽。1903年，幸德與堺利彥、西川光二郎創辦《平民新聞》週刊，展開反帝反戰鬥爭，宣傳社會主義學說。1904年，幸德與堺利彥聯合翻譯了《共產黨宣言》，在《平民新聞》週刊上刊佈。[98]

98　1904年11月13日《平民新聞》譯載《共產黨宣言》，被日本員警當局禁止發行。1906年3月堺利彥創刊《社會主義研究》月刊，第一號即刊載此文。這個刊物第四號又刊載了恩格斯《社會主義從空想到科學的發展》的日文全譯本。

因為對第二國際機會主義不滿，日俄戰爭後，幸德逐步轉向信奉無政府主義，反對迷戀於議會鬥爭，主張工人階級採取總同盟罷工、暗殺等「直接行動」。他的主張得到堺利彥、山川均、大杉榮等人的支持。他們共同被稱作「直接行動派」，或日本社會主義運動中的「硬派」，與片山潛、田添鐵二等「議會政策派」或「軟派」相對立。章太炎與片山潛等人沒有什麼交往，而與幸德、堺、山川、大杉等人則意氣相投。這時期，他在思想上的重要轉折，正是在他們的直接影響下，及共同從事的一系列重要活動中逐步完成的。幸德秋水說過：「亡命的革命黨中多數青年，對於以往所進行的驅逐韃虜、恢復中華、實行憲政、創立共和政權等運動，已不滿足，因而進一步提倡民生主義即社會主義，其中最進步的人則熱心宣導共產的無政府主義或個人的無政府主義」，這些革命黨人「對於當前的國會、選舉、商業、經濟，都根本不信任，他們對當前的政治組織和社會組織都表示絕望，而要另外謀求人民幸福之途」。[99]這一段話，幾乎完全適用於這一時期的章太炎。

正是基於對西方平等、自由、進步等等理想的幻滅，章太炎開始了自己新的探索。

究竟什麼才是真正的平等與自由？它們又怎樣才能真正得到實現？

在《莊子·齊物論》中，章太炎找到了他理想中的對於「平等」的解釋。「大概世間法中，不過平等二字。莊子就喚作『齊物』。並

---

99   幸德秋水：《病中漫款》，1908年1月1日《高知新聞》。

不是說人類平等、眾生平等，要把善惡是非的見解一切打破，才是平等。」[100]這就是說，真正的平等，「非獨等視有情，無所優劣」[101]。一般地承認人與人之間互相平等，而且要確認人們是非善惡的標準受人的主觀意念的制約，並非客觀實在自身，因此，絕不可用某一種固定的觀念去分別人事，判定萬事萬物的是非。後來，章太炎曾對此做過一番通俗的解釋，他說：「近人所謂平等，是指人和人的平等，那人和禽獸草木之間，還是不平等的。佛法中所謂平等，已把人和禽獸平等。莊子卻更進一步，與物都平等了。僅是平等，他還以為未足；他以為『是非之心存焉』，尚是不平等。必要去是非之心，才是平等。莊子臨死有『以不平平，其平也不平』一語，是他平等的注腳。」[102]堅持是非善惡的相對性質，並非根本不講是非善惡，它的真正含義是要求「只是隨順人情，使人人各如所願」。對此，章太炎具體解釋說：「老子明明說的『輔萬物之自然而不敢為』，又說『聖人無常心，以百姓心為心。善者吾善之，不善者吾亦善之，德善，……』，意中說只要應合人情，自己沒有善惡是非的成見。」[103]這就是要求承認萬事萬物客觀上的實際的不平等，反對強行將這實際的不平等一概拉平，在此前提之下，堅持所有國家、民族、社會集團和個人都有存在的權利和自由發展的權利，堅持隨順「百姓之心」，聽任和保障萬物的自然變化。章太炎以為，這樣才是真正的「平等」，也只有這樣，才能實現真正的「平等」。

100　章太炎：《論佛法與宗教、哲學以及現實之關係》，《中國哲學》第六輯，第308頁。
101　章太炎：《齊物論釋》，第1頁。
102　章太炎演講、曹聚仁編：《國學概論》，第64—65頁。
103　章太炎：《論佛法與宗教、哲學以及現實之關係》，《中國哲學》第六輯。

在《莊子‧逍遙遊》中，章太炎則找到了他理想中的對於「自由」的解釋。他寫道：「近人所謂『自由』，是在人和人底當中發生的，我不應侵犯人底自由，人亦不應侵犯我底自由。《逍遙遊》所謂『自由』，是歸根結底到『無待』兩字。他以為人與人之間的自由，不能算數，在饑來想吃、寒來想衣的時候，就不自由了。就是列子禦風而行，大鵬自北冥徙南冥，皆有待於風，也不能算『自由』。真自由惟有『無待』才可以做到。」[104]1789年8月26日的《人和公民的權利宣言》第四條規定：「自由就是指有權從事一切無害於他人的行為。因此，各人的自然權利的行使，只以保證社會上其他成員能享受同樣權利為限制。」可是，一個多世紀來的社會實踐證明，儘管實行了這項規定，人們卻仍然生活在枷鎖之中，只不過舊的枷鎖讓位於新的枷鎖而已。人們事實上不可能真正超越各種外界條件的制約，他們的「自由」也就不可能不是有限的。要達到「自由」境界，只有在做到真正的「無待」之時；而要做到真正的「無待」，則唯有逐步做到「無政府」、「無聚落」、「無人類」、「無眾生」、「無世界」。所謂「無政府」，就要是「政權墮盡」、「以共產為生」、「熔解銃炮、椎毀刀劍」、「夫婦居室親族相依之事，必一切廢絕之」，而「凡此諸制，皆所以平人民嫉妒之心」。然而，這還不夠，因為國家、私有制、軍隊與家庭，都是人類分為不同的聚落，為爭奪優裕的生活環境而逐漸形成的，「是故欲無政府必無聚落，農為遊農，工為遊工，女為遊女」。僅僅如此，也還不夠，只要有世界，有生物，有人類，這一切爭鬥也仍然會發生，所以，要做到真正的「自由」，就必須將這一切盡數消

104　章太炎演講、曹聚仁編：《國學概論》，第64頁。

滅。問題是「人生之智無涯，而事為空間、時間所限，今日欲飛躍以至五無，未可得也」，目前所能實現的「自由」，也就只能以包括有「均配土田」、「官立工廠」等項內容的共和契約為限。章太炎以此感歎說：這就是「所謂跛驢之行」。「夫欲不為跛驢而不得者，此人類所以愈可哀也。」[105]

與此直接聯繫在一起的，就是關於進化與發展觀念的動搖。

盧梭早就反覆論證過，在原始的「自然狀態」中，沒有住所，沒有技藝，沒有語言，沒有私有財產，人與人之間連智力與體力的差別也小到了最低限度，因之，在那種狀態下，人們平等而自由。後來，出現了不平等。不平等的產生是歷史的一種進步，「但是這種進步是對抗性的，它同時又是一種退步」。盧梭以為，「一切進步同樣是表面上走向個人完善化而實際上走向類的沒落的步驟」。事實也證明，文明每前進一步，不平等也同時前進一步。隨著文明產生的社會為自己建立的一切機構，都轉變為它們原來目的的反面。

章太炎在確認「自然狀態」下的平等與自由，以及堅持進步的對抗性這兩點上，與盧梭如出一轍。他和盧梭也有分歧，這就是盧梭以為更高級的社會契約的平等將可永遠結束人類不平等、不自由的歷史，而章太炎則親眼看到了在這樣的社會中，進步同樣是在對抗中得到實現的。他看不到這種對抗有窮盡之日。因此，他對進化了的未來能否使人們達於極樂之境，作出了明確而否定性的回答。他提出了著名的「俱分進化論」：承認進化為客觀存在的現象；要求「隨順進化

105　章太炎：《五無論》，《民報》第十六號，第21、22頁。

者」在進化諸事類中「惟擇其最合者而倡行之」，而「必不可以為鬼為魅為期望」；並說明在比較適合的各種事類中，「社會主義，其法近於平等」，最值得倡行；然而，這畢竟還不是最終目標，「世有勇猛大心之士，不遠而複，吾寧使之早棄斯世，而求之於視聽言思之外，以濟眾生而滅度之」[106]。在驚世駭俗的《五無論》中，他也寫道：「夫耽於進化者，猶見沐浴為清涼，而欲沈於溟海。所願與卓犖獨行之士，勤學無生，期於人類眾生世界一切銷熔而止，毋沾沾焉以進化為可欣焉！」[107]將進化與進步所包含的對抗性的最終消除，歸結為世界的寂滅。這同對平等與自由的追求一樣，找不到現實的肯定的力量，而又對現狀充滿了敵意，便只有借助於全面的否定來表達自己對世界的抗議。

與此相應，章太炎對於當時各種科學是否足以說明人們正確認識無比複雜而又處於永恆的運動之中的世界，公開表示懷疑。

章太炎以為，通常所稱的科學，「則診察物形，加以齊一，而施統系之謂」。事實上，「萬狀之紛紜，固非科學所能盡」[108]。由於物形本身的特點，各類科學的發展程度也就很不相同。「綜觀遠西諸學說，數學、力學，堅定不可磨已；施於無生物之學，其次也；施於動植物之學，又其次也；施於心理、生理之學，又其次也；施於社交之學，殆十得三四耳。蓋愈遠於人事者，經驗既多，其規則又無變，而治之者本無愛憎之念存其間，故所說多能密合。愈近於人事者，經驗

106　章太炎：《俱分進化論》，《民報》第七號，第13頁。
107　章太炎：《五無論》，《民報》第十六號，第22頁。
108　章太炎：《規〈新世紀〉》，《民報》第二十四號，第43頁。

既少，其規則複難齊一，而治之者加以愛憎之見，則密術寡而罅漏多。」[109]在此情況下，僅僅注目於各門具體的學科，則對世界的認識將仍然是「萬類散殊，淋離無紀」。

不僅如此。章太炎指出，現今各門科學雖然已經得到相當高度的發展，卻仍不可避免地包含著許多懸想、迷謬的東西。比如，物理學中，「光、色所由生者，歸之伊太；說真空不空者，歸之伊奈盧雞。是諸物質，皆超絕經驗界，獨以意想推校得之，顧獨非懸想耶？」生物學中，以細胞學說而言，「生物學家說人生之單位，達爾文之『戒彌盧』說，猶有體質可求。自是推校益精，則言微蟲分體而生，子似其母，所以能似者，由其有擔生物，名之為『波泛盧』。又言細胞結合以成官體，官體有筋骨血肉膚發根竅之殊，所以能殊者，由有物曰決定分位，名之為『地曇彌能提』。次有先祖質位於其上，名之為『伊難迫來斯摩』。然此諸物，非即細胞，非細胞核，非核中所有染色物、非染色物，但可知其名號，不可示其儀形，此則與稱道靈魂者曾無毛之異。而言生物者，方推是說為至精，顧獨非迷謬耶？」再如社會學中，「殑德（孔德）之說，已先與社會成跡不符；其後治社會學者雖眾，大氏互相攻伐，不如理學之極成。固由例證稀疏，亦以預蓄愛憎之見，能蔽其聰明耳」[110]。

正因為如此，章太炎便聲稱，只有通過哲學的研究，才能解決所有這些彼此各有專門的科學所解絕不了的問題。

109　章太炎：《規〈新世紀〉》，《民報》第二十四號，第46頁。
110　章太炎：《規〈新世紀〉》，《民報》第二十四號，第44—47頁。

章太炎對現存的全部社會秩序與外界環境，都抱著深刻懷疑甚至否定的態度。然而，人畢竟不能在真空中間生活，那麼，究竟應當給人們提供一種什麼樣的外界環境與社會秩序呢？章太炎以為，並無一個固定不變的絕對的理想境界。唯一的標準或要求，就是確認「非有正處、正味、正色之定程，而使萬物各從所好」[111]。以此，他對莊子的《齊物論》推崇備至，一再說：「夫言兵莫如《孫子》，經國莫如《齊物論》。」《齊物論》「剴切物情」，「為人事之樞」[112]。他還說：「惟有把佛與老、莊和合，這才是『善權大士』，救時應務的第一良法。」[113]所謂「與老、莊和合」，就是要懂得：「以前看萬物都有個統系，老子看得萬物沒有統系。及到莊子《齊物論》出來，真是件件看得平等。照這個法子做去，就世界萬物各得自在。」[114]說得更具體一些，就是要懂得，老子以與「真如」相當的「道」為萬物本體，「莊周明老聃意，而和之以齊物，推萬類之異情，以為無正色、正味，以其相伐，使並行而不害。其道在分異政俗，無令幹位。故曰：『得其環中以應無窮者，各適其欲以流解說，各修其行以為工宰，各致其心以效微妙而已矣。』」[115]這就是堅決反對用某一固定的模式與永恆的教條來規定社會生活，而要求從社會生活與民眾需求的實際出發，確定社會改革與發展的方向，建立新的社會關係、社會秩序，使各個國家、各個民族與社會各成員都能得其所哉的。

111　章太炎：《四惑論》，《民報》第二十二號，第9頁。
112　章太炎：《原學》，《國故論衡》，第149頁。
113　章太炎：《論佛法與宗教、哲學以及現實之關係》，《中國哲學》第六輯，第310頁。
114　獨角（章太炎）：《社說》，《教育今語雜誌》第一冊，第15—16頁。
115　章太炎：《原道》下，《國故論衡》，第171頁。

在社會實踐中，「齊物」的原則怎樣方能具體地給予貫徹呢？

章太炎以為，首先要打破文明與野蠻的界限。「應務之論，以齊文野為究極。」[116]在政治上，他認為：「只看當時人情所好，無論是專制，是立憲，是無政府，無不可為。」反對「進化論政治家」用野蠻與文明這把尺子，將專制一概斥之為野蠻，而將「無政府」說成最文明。在國與國、民族與民族關係上，他特別痛惡「懷著獸心的強國，有意要鯨吞弱國，不說貪他的土地，利他的物產，反說那國本來野蠻，我今滅了那國，正是使那國的人民獲享文明幸福」[117]。他極為憤慨地斥責說：「志存兼併者，外辭蠶食之名，而方寄言高義，若云『使彼野人獲與文化』。斯則文野不齊之見，桀、蹠之嚆矢明矣。」為此，他還感歎地寫道：「向令《齊物》一篇方行海表，縱無減於攻戰，輿人之所不與，必不得借為口實以收淫名明矣。」[118]對於無限制地追求物質文明的發展，章太炎也表示非議，他以為，這也是由於抱有文野之見所致，也應置於被排斥者之列。為此，他寫道：「文野之見，尤不易除。夫滅國者假是為名，此是檮杌、窮奇之志爾。如觀近世，有言無政府者，自謂至平等也，國邑州閭，泯然無間，貞廉詐佞，一切都捐，而猶橫著文野之見，必令械器日工，餐服愈美，勞形苦身，以就是業，而謂民職宜然，何其妄歟！」[119]不斷發展物質文明之所以被視為不足取，是因為章太炎以為，物質生活的發展離開不了人們堅苦的勞動，而「動者，人之天性；勞者，非人之天性」，要人

116　章太炎：《齊物論釋》，第43頁。
117　章太炎：《論佛法與宗教、哲學以及現實之關係》，《中國哲學》第六輯，第308—309頁。
118　章太炎：《齊物論釋》，第42頁。
119　章太炎：《齊物論釋》，第43頁。

們「忍性就勞」，除非通過敦迫、強制，則勢所不行。而強制敦迫，恰好違背了「齊物」之旨。[120]章太炎強調指出：「只就事實上看，什麼喚做文明，什麼喚做野蠻，也沒有一定的界限。而且彼此所見，還有相反之處。所以莊子又說，沒有正處，沒有正味，沒有正色。只看人情所安，就是正處、正味、正色。易地而施，卻象使海鳥啖大牢，猿猴著禮服，何曾有什麼幸福！所以第一要造成輿論，打破文明野蠻的見，使那些懷挾獸心的人，不能藉口。」[121]這裡強調了「人情所安」為衡量是否正處、正味、正色的根本標準，表現章太炎堅持從社會實際出發的嚴肅態度，以及他關心民眾命運的民主主義精神。然而，「人情所安」，畢竟是很空洞的，這是因為章太炎不了解也不承認只有對不同社會不同階級、階層、集團的意願、要求深入剖析，才能使「人情所安」具體化。

「論有正負，無異門之釁。」[122]這是章太炎提出的具體地貫徹「齊物」原則的又一要點，它要求人們以對立統一的觀點正確對待人類歷史上各種各樣的思潮、學派、學說，以及各種不同的甚或彼此尖銳衝突的思想、意見、言論。

章太炎寫道：

陸子靜言：「東海、西海聖人，此心同，此理同。」通論總相，其說誠當。至若會歸齊物，和以天倪，豈獨聖人？即謂東海有菩薩，

120　章太炎：《四惑論》，《民報》第二二號，第12—13頁。
121　章太炎：《論佛法與宗教、哲學以及現實之關係》，《中國哲學》第六輯，第309—310頁。
122　章太炎：《菿漢微言》，第26頁。

西海有凡夫，此心同，此理同，東海有磨外，西海有大覺，此心同，此理同可也。此義云何？一類眾生，同茲依正，則時方之相、因果之律及一切名言習氣，自為藏識中所同具故。其思慮之軌，尋伺之途，即須據是為推，終已莫能自外。其間文理詳略，名相異狀，具體言之，雖不一概，而抽象則同。證以推理之術，印度有因明，遠西有三段論法，此土《墨子》有《經上、下》，其為三支比量，若合符契。此何以故？以業識同，則種子同，種子同，則見行同故。

且依真有妄，轉妄即真，如水與波，非是二物，如麻與繩，非有二性。執著即是磨外，離執便為聖智。是故世俗凡聖愚智諸名，皆是程度差達，而非異端之謂也。……倒見之極，幾於正見。譬如周行地球者，自東發足，向西直行，一往不回，仍還歸發足之地。諸有違異，皆宜以此會之。故《易傳》曰：「天下同歸而殊途，一致而百慮。」[123]

這一段話，主要提出了三個論點。其一，無論是天才賢聖，還是凡夫俗子，「思慮之軌，尋伺之途」，並無本質的差別；其二，真與妄互相對立而又互相依存，如果能夠從對立面的統一中把握事物，即為「聖智」；其三，真與妄會互相轉化，「倒見之極，幾於正見」，絕不可將它們絕對化、凝固化。正是基於這樣的認識，章太炎要求容許不同學派、思想、學說並存，鼓勵它們相互競爭，反對妄自尊大，而將其他所有學說、學派都斥為異端邪說。他認為，即使是正確的思想，這樣做了，也會走向自己的反面。所以，他強調說：「以道蒞天

123　章太炎：《菿漢微言》，第49頁。

下者，貴乎微眇玄深，不排異己。不知其說，而提倡一類之學，鼓舞太甚，雖善道，亦以滋敗。李斯之法律，平津之經術，西晉之老莊，晚明之王學是已。易代以後，任用如故，而不見其害，則知所失不在道術，鼓舞甚而偽託者多也。且以琴瑟專一，失其調均，亦未有不立斃者。逮乎易代，隨材授任，百技眾能，同時登用，未嘗偏於一家，故利害相反矣。」[124]與此相關聯，他主張對古往今來各種思想學說都要持歷史主義的態度，要考慮到不同時期不同國度主觀意識同客觀環境內在的聯繫。他說：「道本無常，與世變易。執守一時之見，以今非古，以古非今（或以異域非宗國，以宗國非異域者，其例視此），此正顛倒之說。」[125]

「人無智愚，盡一曲之用。」[126]這是章太炎提出的具體地貫徹「齊物」原則的第三要點。

在這一方面，章太炎所最為關心的，就是每一社會成員真正的獨立與自由。在家族宗法制下，統治者借助專制主義政治制度與「天理」說教剝奪了人們的自由與獨立，當然應當加以反對，堅決給予衝破；在資本主義社會中，人們所遇到的是憑藉所謂社會契約結成的政治制度以及所謂「公理」說教，章太炎以為，這樣的社會與「公理」對於廣大社會成員說來，實際上也成了一種異己的力量，損害了人們的自由與獨立，也應當加以反對，堅決予以衝破。他寫道：「宋世言天理，其極至於錮情滅性，汔民常業，幾一切廢棄之。今之言公理

124　章太炎：《菿漢微言》，第70頁。
125　章太炎：《齊物論釋》，第15頁。
126　章太炎：《菿漢微言》，第26頁。

者，於男女飲食之事放任無遮，獨此所以為異。若其以世界為本根，以陵藉個人之自主，其束縛人，亦與言天理者相若。……其所謂公。非以眾所同認為公，而以己之學說所趣為公，然則天理之束縛人甚於法律，而公理之束縛人，又幾甚于天理矣。」[127]他反覆強調：「人本獨生，非為他生，而造物無物，亦不得有其命令者。吾為他人盡力，利澤及彼而不求圭撮之報酬，此自本吾隱愛之念以成，非有他律為之規定。吾與他人戮力，利澤相當，使人皆有餘而吾亦不憂乏匱，此自社會趣勢迫脅以成，非先有自然法律為之規定。」[128]人與人之間的社會關係就是這樣形成的，這便決定了不可將社會變成一種外在於人類的至高無上的先驗力量。章太炎認為，如果將社會及所謂對社會盡責的「公理」神聖化，使之成為凌駕於每一社會成員之上的至高無上的統治者，那麼，人們的獨立與自由便會受到更為嚴重的威脅。以此，他激憤地寫道：

　　世之殘賊，有數類焉。比校其力，則有微甚之分。寧得十百言專制者，不願有一人言天理者；甯得十百言天理者，不願有一人言公理者。所以者何？專制者，其力有限；而天理家之力，比於專制為多。……言公理者，以社會常存之力抑制個人，則束縛無時。……以眾暴寡，甚於以強淩弱，而公理之慘刻少恩，尤有過於天理。[129]

　　這裡，章太炎所強調的是絕不可片面地規定個人對於世界、社

127　章太炎：《四惑論》，《民報》第二十二號，第2頁。
128　章太炎：《四惑論》，《民報》第二十二號，第3頁。
129　章太炎：《四惑論》，《民報》第二十二號，第9頁。

會、國家及他人的所謂「義務」、「天職」，而損害人們的自立、自由。他說：「蓋人者委蛻遺形，倏然裸胸而出，要為生氣所流，機械所制，非為世界而生，非為社會而生，非為國家而生，非互為他人而生。故人之對於世界、社會、國家與其對於他人，本無責任。責任者，後起之事，必有所負於彼者，而後有所償於彼者。若其可以無負，即不必有償矣。」[130]這就是以人作為自然的人所賦有的自然權利為基點，堅持人與世界、社會、國家及其他人的關係只能是相互作用的平等關係，堅決反對將世界、社會、國家與其他人，變成一個對於各社會成員疏遠的、敵對的、威勢的、不依存於各社會成員的異己力量，變成高高在上的新的強制者。

在《齊物論釋》問世90年前，黑格爾在1821年出版的《法哲學原理》中就提出過一個極為著名的哲學命題：「凡是現實的都是合理的，凡是合理的都是現實的。」章太炎曾給黑格爾的矛盾學說以相當高的評價，認為它與「齊物」學說有若干相合之處。他說：「《齊物》一篇，內以疏觀萬物，持閱眾甫，破名相之封執，等酸鹹於一味；外以治國保民，不立中德。……遠西工宰亦粗明其一指。彼是之論，異同之黨，正乏為用，攖甯而相成，雲行雨施，而天下平。」[131]攖甯，源出《莊子·大宗師》：「其為物，無不將也，無不迎也；無不毀也，無不成也。其名為攖甯。」成玄英疏：「攖，擾動也；甯，寂靜也。」陳者必去，新者必來，產生與消滅都同樣是必然的，這種矛盾的運動觀和對立面相反相成的宇宙論，章太炎以為，與「齊物」學說相當接

130　章太炎：《四惑論》，《民報》第二十二號，第2頁。
131　章太炎：《菿漢微言》，第26頁。

近。他還說過:「若夫莊生之言曰:『無物不然,無物不可。』與海格爾所謂『事事皆合理,物物皆善美』者,詞義相同。」[132]然而,他以為兩者又畢竟不完全相同。黑格爾哲學體系將絕對真理的實現作為全部歷史運動的最終目的,宇宙萬物的演變都只是實現這個最終目標的漫長途程中的一個個不同階段或不同環節。章太炎則明確指出,這樣的終結目標是不存在的,也是不可能存在的。萬事萬物確實互相關聯,但並非都依附於絕對真理的實現。他贊同《莊子・寓言篇》「萬物皆種也,以不同形相禪,始卒若環,莫得其倫」的論點,而反對將它們看成只是達到所謂最終目標的一個個過渡階段。他在解釋《齊物論》所提出的「無物不然,無物不可」這一命題時指出:「隨俗諦說,物固有所然,物固有所可。」這就得具體考察「物情」、「人心」、「眾人之心」。然而追尋究竟,考究萬物原始,就可發現,這些「所然」與「所可」都並非終結原因,也不可能有終結原因,說到底,它們都是萬物本體「真如」活動的產物。他指出,一切現實之物,「一說義界,二責因緣,三尋實質,皆依分析之言成立自義。然當其成立時,亦即其毀破時(成,即《因明入正理論》所謂『能立』;毀,即《因明入正理論》所謂『能破』)。成毀同時,複通為一。故達者不用而寓諸庸,以終不能知其由然故」。只有在這個意義上,即宇宙萬物存在的終結目的根本不可能有的意義上,方可承認「無物不然,無物不可」,這就是所謂:「依勝義說訓釋三端,不可得義,無義成義,則雖無物不然、無物不可哥也。」[133]正是基於這樣的認識,他在確認莊子「無物不然,無物不可」與黑格爾「事事皆合理,物物

132　章太炎:《四惑論》,《民報》第二十二號,第9頁。
133　章太炎:《齊物論釋》,第22頁。

皆善美」二者「詞義相同」後，緊接著便斷言：「然一以為人心不同，難為齊概，而一以為終局目的借此為經歷之途，則根柢又絕遠爾。」[134]

於此可見，章太炎哲學與黑格爾哲學一樣，也有其革命性質與保守性質兩個方面。其革命性質，就是不承認人的思維與行動在任何時候任何場合可能達到盡善盡美的終結狀態，而確認宇宙萬物都在不斷的生滅變化之中；其保守性質，就是承認萬事萬物在各個不同的時間、空間、條件下，分別有其存在的理由。黑格爾堅信人的認識與人類社會運動發展是一個從低級到高級的有規律過程，這一看法充滿了積極進取和對未來充滿信心的自覺精神；章太炎對此則表示懷疑與否定，反映了他對西方啟蒙學者和哲學家們所宣佈的種種「公理」、「法則」、「自然規律」的完全不信任，表明他強烈反對將世界的運動發展簡單化、直線化、教條化，同時，也暴露出他對歷史實踐的發展和未來的前景完全缺乏信心。這就使他的哲學在其革命性質上籠罩了嚴重的相對主義和虛無主義色彩。章太炎認為完美的社會、完美的國家都只屬於幻想，明確否認人們會達到所謂終結目標，但他在承認萬事萬物相對存在的合理性時，提出「有情際即實際」，主張「一切以利益眾生為念」、「以百姓心為心」，這就使他的哲學在其保守性質上面突破了黑格爾那種皈依於德國王權的庸人氣息，而表現出鮮明的民主主義精神。

134　章太炎：《四惑論》，《民報》第二十二號，第9—10頁。

6.5　立教判教

　　章太炎所致力的，是一場名副其實的哲學革命。然而，章太炎哲學，並沒有像康得哲學、黑格爾哲學那樣感染一大批人，滲透進許多學科，成為風靡一時的時代思潮，也沒有像它們那樣經過一代一代的批判與繼承延續下去，推向更高的峰巔。章太炎企圖從世界觀的高度去認識和解決時代、國家、革命所提出的一系列重大而尖銳的問題，但是，時代、國家、革命卻幾乎沒有理睬他這樣的努力。這種冷淡，固然由於章太炎的哲學過於晦澀抽象，和當時主要從一些通俗的宣傳性讀物和引人注目的警句口號中吸取思想材料的讀者距離過遠；加上他的哲學裡許多精粹的思想和真知灼見往往淹沒在大量相對主義、悲觀主義甚至虛無主義的說教之中，這一調門與當時正需要戰鼓雷鳴的革命實踐者完全格格不入，激進的戰士們對他的哲學便乾脆不予置理；然而，更為根本的緣由，還是革命者們和他們的敵人當時都沉浸在政治衝突之中，政治鬥爭壓倒了哲學的深入思考，人們沒有時間、精力，也沒有興趣和足夠的毅力去考察那些與政治實踐看來距離十分遙遠的抽象問題，這就是說，當時整個國家與社會的氣氛，就缺乏哲學味道。1913年章太炎在北京被袁世凱監禁之後絕食求斃時，曾經悲歎說：「經史小學，傳者有人，光昌之期，庶幾可待。文章各有造詣，無待傳薪，惟示之格律，免入歧途可矣。惟諸子、哲理，恐將成廣陵散耳。」[135]理論自身力量的不足，理論實現的困難，使章太炎寄希望於建立新的宗教。

135　朱希祖：《致潘景鄭書》（1936年7月20日），見朱佑等：《朱逖先生訃告》。

出獄東渡之初，章太炎就提出，要「用宗教發起信心，增進國民的道德」。在現成的各種宗教之中，他所看中的就是佛教，說：「佛教的理論，使上智人不能不信；佛教的戒律，使下愚人不能不信；通徹上下，這是最可用的。」在佛教各種宗派中，他又特別欣賞法相、華嚴二宗：「這華嚴宗所說，要在普度眾生，頭目腦髓，都可施捨與人，在道德上最為有益。這法相宗所說，就是萬法惟心，一切有形的色相，無形的法塵，總是幻見幻想，並非實在真有……在哲學上今日也最相宜。要有這種信仰，才得勇猛無畏，眾志成城，方可幹得事來。」他還將佛教「一切眾生，皆是平等」的教義，解釋成「佛教最恨君權」，「佛教最重平等，所以妨礙平等的東西，必要除去」，由此斷言：「提倡佛教，為社會道德上起見，固是最要；為我們革命軍的道德上起見，亦是最要。」[136]不久，他又撰寫專論，正式提出了「建立宗教」的口號，並明確提出：「宗教之高下勝劣，不容先論，要以上不失真、下有益於生民之道德為其准的。」[137]

　　按照所謂「上不失真」的要求，章太炎將歷史上的各種宗教分成多神教、一神教、無神教三類。他說，「居今之世，欲建立宗教者，不得於萬有之中而橫計其一為神，亦不得於萬有之上而虛擬其一為神」，只能建立「無神」的宗教。根據這個要求，美洲之摩門、印度之濕婆韋紐、西藏的蓮華生教等等固無足論，即是吠陀、基督、天方等教，專奉大梵、耶和瓦、安荼，「以為道祇在是，神祇在是」，犯了同樣的「欲取一實以概無量無邊之實」的錯誤，也不合適。唯有佛

136　章太炎：《演說錄》，《民報》第六號，第4頁。
137　章太炎：《建立宗教論》，《民報》第九號，第9頁。

教，他以為符合無神教的要求。但是，佛教在傳佈中也夾雜了許多多神教的雜質，以致許多人將佛也看成一種鬼神，所以，他說，必須對佛教諸宗派作出一番選擇，最終的結論只能是：「今之立教，惟以自識為宗。」[138]所謂「以自識為宗」，後來又被他概括為「依自不依他」，「自貴其心，不援鬼神」[139]。沒有鬼神崇拜而稱之為宗教，並明白稱之為「無神教」，違背了宗教一詞的基本含義。恩格斯在批判19世紀40年代的路易·勃朗派時就說過：「如果無神的宗教可以存在，那麼沒有哲人之石的煉金術也是可以存在的了。」[140]章太炎也深知此間的矛盾。他寫道：「問者曰：立教以惟識為宗，識之識性，即是真如，既無崇拜鬼神之法，則安得稱為宗教？」針對這一問題，他回答說：「識性真如，本非可以崇拜。惟一切事端之起，必先有其師，以本師代表其事，而施以殊禮者，宗教而外，所在多有。士人之拜孔子，胥吏之拜蕭何，匠人之拜魯班，衣工之拜軒轅，彼非以求福而事之，又非如神教所崇拜者，本無其物而事之。以為吾之學術出於是人，故不得不加尊禮。此於諸崇拜中最為清淨，釋教亦爾。」人們尊崇釋迦，乃是「尊其為師，非尊其為鬼神。雖非鬼神，而有可以崇拜之道。故於事理皆無所礙。」[141]這裡，他努力將宗教哲學化，並使哲學本身融化在宗教中，將對釋迦的尊崇與手工業行會工匠對魯班、軒轅的尊崇等量齊觀，表明他圖謀建立的宗教，實際上是要借助釋迦的歷史影響和宗教的形式，使其「以自識為宗」的哲學逐步普及化而

138　章太炎：《建立宗教論》，《民報》第九號，第10—11、19頁。
139　章太炎：《答鐵錚》，《民報》第十四號，第113—114頁。
140　恩格斯：《路德維希·費爾巴哈和德國古典哲學的終結》，《馬克思恩格斯選集》第四卷，第230頁。
141　章太炎：《建立宗教論》，《民報》第九號，第21—22頁。

已。

　　特別是要做到「下有益於生民之道德」，章太炎覺得，非利用宗教這一形式不可。他在談到哲學、道德與宗教的關係時說：「世間道德，率自宗教引生。彼宗教之卑者，其初雖有僧侶祭司，久則延及平民，而僧侶祭司亦自廢絕。則道德普及之世，即宗教消熔之世也。於此有學者出，存其德音，去其神話，而以高尚之理想經緯之以成學說。」而這也就是哲學。他認為，無論是西方，還是中國，宗教、道德與哲學都毫無例外地是這樣周而復始地依次演變的。比如，中國的孔、老，希臘的蘇格拉底、柏拉圖，便都是「以哲學而為宗教之代起者」；其後，孔、老之學「遷為漢儒」，蘇氏、柏氏之學「緣生基督」，致使「哲學複成宗教」；再後，西方從培根、笛卡爾等人開始，中國從程、朱、陸、王等人開始，「又複變易舊章，自成哲學」；它們便都是循著這一路線而遞次相生的。章太炎說，當下又到了以宗教取代哲學的時代，而此時將興的宗教，除經由他簡擇出來的佛教外，則別無其他。[142]

　　之所以必須採取宗教這一形式，章太炎以為還有一個重要的理由，若要使「以惟識立宗」的道德真正普遍化，影響及於一般群眾，就非保持一批專職的宗教人士為民眾作表率不可。他寫道：「今之世非周、秦、漢、魏之世也。彼時純樸未分，則雖以孔、老常言，亦足化民成俗。今則不然。六道輪回地獄變相之說，猶不足以取濟。非說無生，則不能去畏死心；非破我所，則不能去拜金心；非談平等，則

142　章太炎：《建立宗教論》，《民報》第九號，第25頁。

不能去奴隸心；非示眾生皆佛，則不能去退屈心；非舉三輪清淨，則不能去德色心。」然而，所有這些哲理，都非滯留在塵俗生活旋渦中的一般人所能實踐，因此，就有必要保持一些專職的僧侶，讓他們有條件按照最高的理想去實踐，為一般世人作出榜樣。否則，理想與實踐就必然要脫節，「非有至高者在，則餘緒亦無由流出」[143]。當時，章太炎一再表示要落髮為僧，「願言息塵勞，無生以為師」[144]，可以說，正是在這一思想的支配下準備採取的實際行動。

本希望借助宗教形式克服理論力量的不足，促進理論的實現，可是，結果與他的主觀願望恰好相反，這樣做，反而使他所致力的哲學革命走向信仰主義和僧侶主義，與政治革命實踐及廣大群眾距離更加遙遠。因此，章太炎在同盟會機關刊物《民報》上鼓吹提倡佛教的文字，使許多革命黨人感到困惑不解，也遭到許多革命黨人的反對。鐵錚（袁金鎧）便曾著文提出非議，以為「佛家之學，非中國所常習。雖上智之士，猶窮年累月而不得；況於一般國民，處水深火熱之中，乃望此迂緩之學以收成效，何異待西江之水以救枯魚！」章太炎答稱：「光復諸華，彼我勢不相若，而優勝劣敗之見既深中于人心，非不顧利害，蹈死如飴者，則必不能以奮起，就起，亦不能持久。」而佛學，尤其是其中法相宗、禪宗，「自貴其心，不依他力，其術可用於艱難危急之時」，正有利於培養和造就這樣一種奮鬥精神，使革命者「排除生死，旁若無人，布衣麻鞋，逕行獨往，上無政黨猥賤之操，下作惴夫奮矜之氣」[145]。然而，這番解釋並不足以消除人們心中

---

143 章太炎：《建立宗教論》，《民報》第九號，第25頁。
144 章太炎：《秋夜與黃侃聯句》，《太炎文錄初編》卷二，第107頁。
145 太炎：《答鐵錚》，《民報》第十四號，第113—114頁，第122頁。

的疑竇。

反對章太炎宣導佛學的，還有玄洋社、黑龍會。1908年2月25日《民報》第二十一號刊登了章太炎一篇考史文章《大乘佛教緣起說》。內田良平主辦的黑龍會刊物《東亞月報》在是年5月10日出版的第二號上，發表了署名「夢庵」的《囈語》，指責章太炎在《民報》上發表《大乘佛教緣起說》，系改《民報》為佛報，完全違背和破壞了《民報》「六大主義」。《囈語》寫道：

獨怖《民報》之作佛報者，何為而然乎？《民報》既自標榜以其六條主義，此《緣起說》，足以濟渡惡劣政府乎？足以建設共和乎？佛教之平和思想，死於千載之上，曷得抱亡骸為維持新世界新真正之平和之具？況土地國有，與乞食之士謀之乎？以之求日華之連合，以之要求世界列國贊成中國之革新事業，皆遠之遠矣。無一於此，而《民報》之作此佛報者，抑出於何意乎？《民報》宜作民聲，不宜作佛聲也。[146]

章太炎本人在《民報》第二十一號上發表了《答夢庵》，就夢庵提出的指責作了答覆。他寫道：「今問夢庵，《民報》所謂六條主義者，能使其主義自行耶，抑待人而行之耶？待人而行，則怯懦者不足踐此主義，浮華者不足踐此主義，猥賤者不足踐此主義，詐偽者不足踐此主義。以勇猛無畏治怯懦心，以頭陀淨行治浮華心，以惟我獨尊治猥賤心，以力戒誑語治詐偽心。此數者，其他宗教倫理之言，亦能

---

146 夢庵：《囈語》，《東亞月報》第二號，第92頁。

得其一二，而與震旦習俗相宜者，厥惟佛教。是固非言語文字所能成就，然方便接引，非文辭不為功。以是相導，令學者趣入法門，以自磨厲，庶幾民德可興，而六條主義得人而弘其道。誰謂改《民報》作佛聲者？」[147]他還特別說明：「凡諸宗教，過弛則風節衰，過張則職業廢。吾所為主張佛教者，特欲發揚芳烈，使好之者輕去就而齊生死，非欲人人皆歸蘭若。」[148]針對《東亞月報》創刊號一開頭就刊登了孔子、王陽明等人的畫像，發表了伊藤博文和朝奸宋秉畯的序文，章太炎評論說：「《東亞月報》首登孔子、陽明諸象，能救東亞之衰微耶？孔子歿已二千歲，其遺說亦與佛書同往，於此新世界者，形勢禮俗，豈有相關？彼陽明者，君不問道，而求為之強戰，則古人所謂輔桀者，佛教視之，亦羅剎藥叉而已。……即觀《東亞月報》序文，一則淫昏之伊藤博文，一則狐媚之宋秉畯耳。以伊藤博文、宋秉畯為鬥極，則鄙夷陋巷也亦宜。」[149]8月出版的《東亞月報》第四號發表了夢庵的《答太炎書》，就章太炎提出的指責逐一進行辯解，並破口大罵章太炎「聾盲無稽」，是「顏回而抱文殊臭骸者」[150]。章太炎在《民報》第二十三號上又發表了《再答夢庵》，只有一句：「公等可與治乎？」[151]表示已經對他們不屑與理。

然而，儘管章太炎多次做了解釋，許多人仍然不以為提倡佛教有何益處。《東亞月報》的攻訐，在許多人的思想中也還是留下了印痕。1909年11月下旬香港《中國日報》對章太炎的一項指控，就是：

147　太炎：《答夢庵》，《民報》第二十一號，第127—128頁。
148　太炎：《答夢庵》，《民報》第二十一號，第128—129頁。
149　太炎：《答夢庵》，《民報》第二十一號，第128、130頁。
150　夢庵：《答太炎書》，《東亞月報》第四號，第54頁。
151　太炎：《再答夢庵》，《民報》第二十三號，第133頁。

「章炳麟以其一知半解、乾燥無味之佛學論，佔據《民報》全冊之大部，一若以《民報》為其私有佛學之機關報者。……由是各地閱者以《民報》主張佛學甚於本來之六大主義，多辭退不閱。」[152]

　　為確立「以自識為宗」、「依自不依他」的新宗教，章太炎用佛教中判教的方法，對其他各種哲學和宗教一一作了評析。

　　章太炎認為，所有非「以自識為宗」的哲學和宗教，從哲理上看，幾乎毫無例外地，都是犯了以下兩類錯誤中的一種。這兩類錯誤，一為「增益執」，二為「損減執」。所謂「增益執」，指「於無，無因強立為有」；所謂「損減執」，指「於有，無因強撥為無」[153]。前者，主要是指強行將人們的主觀意念或正在變幻中的某些具體事物規定為萬物本體、客觀實在；後者，主要是指拒不承認宇宙萬象都自有「種子」為其客觀依據；而這兩者，都是由於不了解「真如」的性質以及遍計所執性、依他起性、圓成實性的區別所致。章太炎認為，唯我論、唯物論、有神論、唯理論等種種先前哲學與宗教，幾乎都是在這兩點上失足的。

　　章太炎以為，由「增益執」導致的第一種顛倒了的世界觀，就是古印度數論派和近代西方費希特、叔本華所代表的主觀唯心主義、唯我主義。

　　章太炎介紹數論派的觀點說：「僧佉（譯曰數論）之說，建立神

152　1909年11月30日《中興日報》轉載《為章炳麟叛黨事答覆投書諸君》。
153　無性造，玄奘譯：《攝大乘論釋》卷一，《大正新修大藏經》第三十一卷，第382頁。

我。以神我為自性三德所纏縛，而生二十三諦。此所謂惟我論也。」[154]數論以所謂「二十五諦」構成其哲學體系，這二十五諦又分作三大部分：其一為「自性」，由所謂「憂德、喜德、暗德」三要素構成，這三種要素相互衝突，便會產生一系列變易，所以「自性」是為「作者」；其二為「變易」，包括中間「二十三諦」，變易的次序是「自性」生「大」（或名「覺」、「想」、「智」、「慧」），「大」生「我慢」（或名「轉異」），「我慢」生「五唯」（聲、觸、色、味、香）、「五知根」（耳、皮、眼、舌、鼻）、「五作根」（口、手、足、男女根、大遺根）以及「心根」，其中「五唯」又分別產生「五大」（空大、風大、火大、水大、地大）；其三為「神我」，以「思」或「知」為其根本，它不生不滅，是為「見者」。數論以為這三個部分之中，起決定或核心作用的是獨立自在的「神我」，只有當它與「自性」結合起來，方才能實際地產生「變易」，顯現「二十三諦」。「我也與自性合，如生盲人負生跛人，是和合者能生世間。」[155]章太炎評論數論的這些觀點說：「說神我者，以為實有丈夫，不生不滅。其說因於我見而起。乃不知所謂我者，舍阿賴耶識而外，更無他物。此識是真，此我是幻。執此幻者以為本體，是第一倒見也。」[156]

章太炎認為，費希特、叔本華的觀點與數論派的觀點實際上差不多。他寫道：「似僧佉派而或進或退者，則前有吠息特，後有索賓霍爾是也。」[157]費希特、叔本華都是從康得出發，拋棄康得哲學中的

---

154 章太炎：《無神論》，《民報》第八號，第1頁。
155 真諦譯：《金七十論》。
156 章太炎：《建立宗教論》，《民報》第九號，第6頁。
157 章太炎：《無神論》，《民報》第八號，第2頁。

「自在之物」，而走向主觀唯心主義與唯我主義的。費希特宣稱，康得的「物自身是一種純粹的虛構」，是「完全沒有實在性」的，離開了「自我」，離開了人的主觀精神，一切都是虛構。他將「自我」說成獨立自在的本源性的實體，「絕對地、無須任何根據地有效」，並「能為一切有根據的判斷的根據」。整個宇宙運動，在他這裡，被解釋為「自我建立本身」、「自我建立非我」和「自我與非我統一」的過程。[158]叔本華表面上承認康得關於自在之物的世界與現象世界的區分，但是，他將自在之物歪曲為所謂「生活意志」、「生存意志」或「生命意志」，說正是這個「意志」構成了「世界的內容和本質」，它「既是每一特殊事物的內在本質和核心，也是全部事物的實質和核心，它既表現於盲目的自然力中，也表現於人的自覺的行為中」，「世界上形形色色的事物，都是這個意志的表現、客觀化，世界只是這個意志的一面鏡子」。叔本華還更進一步，將這個意志世界歸結為「我」的意志，宣稱：「任何一切屬於世界或可能屬於世界的東西都不可避免地為主體所決定，並且只是為了主體而存在。」他的最終結論由此得知為：「世界是我的表像。」[159]章太炎認為，費希特、叔本華的這些觀點，屬於和僧佉派一樣顛倒的世界觀。

僧佉派、費希特、叔本華都將「我」看作自性永存的絕對實體。章太炎很不客氣地指出：「邪見所指為我……尋其界說，略有三事：恒常之謂我；堅住之謂我；不可變壞之謂我。質而言之，我者，即自

158　譯文據費希特《知識學基礎》中譯本及《十八世紀末—十九世紀初德國哲學》有關部分。
159　叔本華：《世界之意志與表像》（舊譯《意志自由論》）。

性之別名。此為分別我執,屬於遍計所執自性者。」[160]《成唯識論》解釋「分別我執」一詞的含義時說過:「分別我執,亦由現在外緣力故,非與身俱。要待邪教及邪分別,然後方起,故名分別。唯在第六意識中有。此亦二種:一、緣邪教所說蘊相,起自心相,分別計度,執為實我;二、緣邪教所說我相,起自心相,分別計度,執為實我。」[161]章太炎說,僧佉派的「神我」,費希特的「自我」,叔本華的「我的意志」,其實都是因「邪見」而起的這種「分別我執」。所謂「屬於遍計所執自性」,即指它們皆「由意識周遍計度刻畫而成」,都是意識在對事物進行普遍的分別計較時將意識活動的產物執著為實有,所導致的結果。

章太炎斷然宣稱:「遍計所執之我,本是絕無。」[162]游離於因緣關係之外,或者只成為因緣關係的起點或終結的絕對實體「我」,是根本不存在的。《人無我論》從十個方面對此作了論證。文章指出,如果「我」是絕對自在的實體,那麼,它就不受任何設定,也不受制約於其他任何條件,既然如此,「我非形色,亦非領受,亦非名號,亦非作業,亦非心識」,就「不應與彼五蘊和合而稱為我」,然而,「若不和合,所謂我者,畢竟安在?」文章針對僧佉派關於「思」或「知」為「神我」根本的論點反詰道:「世界造作事業,為以思為本因,為以我為本因?若以思為本因者,但是思作,而非我作;若以我為本因者,我既常住,不應更待思覺方能造作。若謂思在故我在,思即是我者,是則無思之時即無有我。」這種自相矛盾的狀況恰好證明

160　章太炎:《人無我論》,《民報》第十一號,第1頁。
161　《成唯識論》卷一,《大正新修大藏經》第三十一卷,第2頁。
162　章太炎:《人無我論》,《民報》第十一號,第15頁。

了作為「絕對實體」的「神我」、「自我」，純屬虛構。文章針對將「我」視為永恆而絕對的實體這一論點，進一步詰責說：「此我為依自故能有所作，為依他故能有所作？若依自者，此我既常，而自作生滅病苦雜染等事，不應道理；若依他者，我有所依，則已失我性，既非絕對，而能常住，不應道理。」這也就指出了費希特「自我」說的致命之處，既然自我為永恆的實體，為什麼要產生出「非我」呢？既然於自我之外，複有非我存在，那麼，自我的所謂絕對性、永恆性也就成了空話。文章還分別從其他許多方面反覆論證，「諦實常住」的「神我」、「自我」並不存在。[163]

章太炎截然否認「我」為「諦實常住」的絕對本體，並不否認人們通常所說的「我」的存在。他寫道：「常人所指為我，自嬰兒墮地已有順違哀樂之情，乃至一期命盡，無一剎那而不執有我見。……此為俱生所執，屬於依他起自性者。」[164]《成唯識論》在解釋「俱生我執」時說過：「俱生我執，無始時來，虛妄熏習內因力故，恒與身俱，不待邪教及邪分別，任運而轉，故名俱生。」[165]所謂「依他起自性」，指依託各種「因緣」而形成的具有相對確定性的一類「自性」或「本質」。《瑜伽師地論》曾解釋說：「云何依他起自性？謂從眾緣所生自性。」「依他起自性，由何故依他？答：由因緣故。」[166]章太炎認為，僧佉派、費希特、叔本華等所說的「神我」、「自我」，屬於「遍計所執自性」，純屬觀念的虛構，實際根本不可能存在，而一般

163　章太炎：《人無我論》，《民報》第十一號，第3—9頁。
164　章太炎：《人無我論》，《民報》第十一號，第1頁。
165　《成唯識論》卷一，《大正新修大藏經》第三十一卷，第2頁。
166　《瑜伽師地論》卷七十三，《大正新修大藏經》第三十卷，第703頁。

人所謂的「我」，屬於「依他起自性」，則與此不同。它不是觀念的虛構，而是實際存在的各種因素、條件互相作用的產物。作為緣生的結果，它當然要受制約於各種緣生的條件與前提，它的所謂「本質」必須依從許多具體的設定，它並非永恆而絕對的實體，而只是一種具有相對確定性的存在，即「幻有」。但是，「所謂依他起之我者，雖是幻有，要必依於真相。譬如長虹，雖非實物，亦必依於日光、水氣，而後見形。此日光、水氣是真，此虹是幻。所謂我者，亦複如是。」[167]正是在這一點上，「依他起自性」之「我」與「遍計所執自性」之「我」明確地區分了開來。

所謂「依他起」之「我」，所依的真相究竟是什麼呢？章太炎說：「自阿賴耶識建立以後，乃知我相所依，即此根本藏識。此識含藏萬有，一切見相，皆屬此識枝條，而未嘗自指為我。於是與阿賴耶識輾轉為緣者，名為意根，亦名為末那識，念念執此阿賴耶識以為自我。」[168]「我為幻有，而阿賴耶識為真。即此阿賴耶識，亦名為如來藏，特以清淨雜染之分，異其名相。」[169]「依他起」之「我」不是憑空產生的，不是人們主觀的意念推衍、設想出來的，它的產生與存在，正表現了作為萬物本體的「真如」或「阿賴耶識」的客觀存在，也只有依託於「真如」或「阿賴耶識」，「依他起」之「我」方才能夠成立。

章太炎認為，僧佉派、費希特、叔本華等人的根本性錯誤，就是

167　章太炎：《人無我論》，《民報》第十一號，第9頁。
168　章太炎：《人無我論》，《民報》第十一號，第9頁。
169　章太炎：《人無我論》，《民報》第十一號，第13頁。

不承認「真如」為唯一的本體，而臆造出一個「神我」或「自我」精神實體來取代「真如」。他寫道：「若以佛法相稽，惟許有阿賴耶識，並不許有神我。」[170]「阿賴耶識所變我相，五蘊所集我相，非實、非遍、非常，故說無我。」[171]僧佉派、費希特、叔本華捨棄「真如」本體於不顧，反而「執此幻者以為本體」，所以，便成了「第一倒見」。

在說明「真如」或阿賴耶識如何產生「依他起」之「我」時，章太炎反覆強調說：「唯識云者，許各各物皆唯是識，非許唯有自心一識。」[172]「阿賴耶識為情界、器界之本，非侷限於一人。」[173]「真如」或阿賴耶識並非獨立存在的某一具體的物，更非隨同各種主觀意念的不同而互為區別的精靈，它存在於「情界、器界」所有的「依他起」之「我」中，構成它們共同的普遍的本質。他斷言，若不堅持這一點，便會使「真如」或「阿賴耶識」蛻變為僧佉派所說的「神我」：「一切眾生，同此真如，同此阿賴耶識。是故此識非局自體，普遍眾生，惟一不二。若執自體為言，則惟識之教，即與神我不異。」[174]

章太炎堅持「金亦有識，諸無生者皆爾。」他並說：「非說金石皆有身識，不能成唯識義。」[175]他的「真如」本體論同僧佉派、費希特、叔本華等人主觀唯心主義的本體論的基本分歧，以及他的觀點同唯識論傳統看法的區別，在這一個問題上清楚地顯示出來。他在東京所作的關於佛法的一次講演，曾專門談到佛法有許多不能說得圓滿之

170　章太炎：《駁神我憲政說》，《民報》第二十一號，第4頁。
171　章太炎：《菿漢微言》，第3頁。
172　章太炎：《菿漢微言》，第7頁。
173　章太炎：《人無我論》，《民報》第十一號，第14頁。
174　章太炎：《建立宗教論》，《民報》第九號，第19頁。
175　章太炎：《齊物論釋》，第34頁。

處，有待後人補正，其中最為突出的，就是「佛法只許動物為有情，不許植物為有情，至於礦物，更不消說了」。《瑜伽師地論》將植物有生命說斥為「離系外道」的謬說，章太炎反駁說：「植物也有呼吸，不能說無壽；也有溫度，不能說無煖；也有牝牡交合的情欲，卷蟲食蠅的作用，不能說無識。依這三件，植物決定有命。」他還進一步詳細說明了為什麼必須承認礦物等各種無生物也同樣「有識」。他寫道：「原來阿賴耶，含有三個：一是業識，二是轉識，三是現識。業就是作用的別名，又有動的意思。礦物都有作用，風、水等物更能流動，可見礦物必有業識。轉識就是能見的意思，質言就是能感觸的作用。礦物既然能觸，便是能感，可見礦物必有轉識。現識就是境界現前的意思。礦物和異性礦物，既能親和，也能抵抗，分明是有境界現前。可見礦物也有現識。若依《成唯識論》分配，業識便是作意，轉識便是觸，現識便是受，並與阿賴耶識相應，但沒有想、思二位。所以比較動植物的知識，就退在下劣的地位。」不僅如此，章太炎還進而認為：「礦物不但有阿賴耶識，兼有意根。何以見得呢？既有保存自體的作用，一定是有『我執』。若沒有『我執』，斷無保存自體的理。」[176]從形式上看，章太炎在這裡所說的觀點似乎接近「物活論」，其實，恰好相反，通過他對礦物與動植物的比較說明，倒更清楚地表明，他所說的「阿賴耶識」並非指人的主觀意念，而是指各種物質形態自身的運動或相互作用，從礦物的運動、親和與排斥這類簡單活動一直到人的思維這樣複雜的活動，都包括在內。「情界」與「器界」的本源「真如」，作為客觀實在的本體，與主觀唯心主義者

176　參見章太炎：《論佛法與宗教、哲學以及現實之關係》（黃宣民校點、擬題），《中國哲學》第六輯，第301—303頁。

所說的「神我」、「自我」截然對立，在這裡也就得到了明證。

章太炎將「唯物論」看作由「增益執」而產生的第二種顛倒了的世界觀，即所謂「第二倒見」。

章太炎這裡所說的唯物論，除去古代樸素唯物主義與近代機械唯物主義外，還包括休謨一類唯心主義的經驗論。由於混同了經驗論與唯物論，在他這裡，休謨被與培根、霍布士、洛克等人一道列為唯物論的代表人物。

章太炎從本體論與認識論兩個方面進行了辨析。

《人無我論》曾經讚揚了「近世唯物論者」對主觀唯心主義或唯我論的批判，同時，又對於他們執持各種具體的物質為實在表示了不滿。該文寫道：「近世唯物論者亦能知第二我執（指屬於所謂「遍計所執自性」的「分別我執」）為謬，而或以多種原質互相集合為言，或以生理單位異於物質為言。此雖能破人我，乃舉其所謂自性者以歸諸他種根力，又墮法我之謬論。」[177]章太炎以為，這些唯物論者之所以失足，就是不懂得只有「真如」方才是萬物本體。

章太炎說，古代印度唯物論者分作兩大派別：「一據有方分言」，以「阿耨、缽邏摩怒、電子、原子」四大種子為萬物之源；「一家複說為無方分」，以「堅、濕、煖、輕」四種造色種子為萬物之源。「近世亦有二說」，也是一以「有方分」言，一以「無方分」言。[178]章太

177　章太炎：《人無我論》，《民報》第十一號，第1—2頁。
178　章太炎：《齊物論釋》重定本，第23頁。

炎認為，這兩派的觀點都不能真正成立。

　　以「有方分」者而論，章太炎指出：「說物質者，歐洲以為實有阿屯，印度以為實有鉢邏摩怒，執為極細。而從此細者剖之，則其細至於無窮。名家所謂『一尺之棰，日取其半，萬世不竭』者，彼不能辭其過矣。」[179]「六十四種原質，析至鄰虛，終無不可複析之量。既可複析，即不得強立『原子』之名。」[180]以此，章太炎斷言：這些極微的物質粒子「分析無盡，非種非原」[181]。

　　再以「無方分」者而論，章太炎指出：「若無方分，此不可見、聞、臭、嘗、觸、受，則非見量；此最遍性，則無比量（比量皆以通明局，以遍明狹。物界最遍，故無比量）。……若依無方分物質言，惟是非量。以無方分者無現量，非色、非聲、非香、非味，且非是觸。無現量，故亦無由成比量。」以此，「今計無方分之實質」，便只能是「非接非謨，本在知識以外，實不可得」[182]。章太炎針對近代機械唯物論者所提出的物質概念，即將物質看作所謂「不可斷截、破壞、貫穿，不可取捨、乘履、搏挈，非長非短，非方非圓，非正非不正，非高非下，無有細分，不可分析，不可睹見，不可聽聞，不可嗅嘗，不可摩觸」的原始粒子的看法，指出：「執為無厚（無厚即非延長，謂其本無形式，非粗非細），離於色、聲、香、味、觸等感覺所取之外，惟其中心力存。此雖勝於極細之說，然未見有離於五塵之

179　章太炎：《建立宗教論》，《民報》第九號，第6頁。
180　章太炎：《五無論》，《民報》第十六號，第9頁。
181　章太炎：《齊物論釋》重定本，第24頁。
182　章太炎：《齊物論釋》重定本，第24頁。參見章太炎：《國家論》，《民報》第十七號，第1—2頁。

力，亦未見有離力之五塵。力與五塵互相依住，則不得不謂之緣生。既言緣生，其非本體可知。」[183]

概言之，無論是有方分者，還是無方分者，都不是也不可能是最基本的、無法再行分割的、元始的物質粒子。它們照舊可以無限分割，它們也同其他物體一樣要受到各種因素的制約，它們的主要特徵同樣是所謂「非實、非遍、非常」。它們的這種相對性、特殊性與暫時性，用唯識論的語彙說來，便叫作「幻」。章太炎認為，只有確認「真如」為唯一真實的本體，才能避免舊唯物論的這些缺陷。而舊唯物論的錯誤，正在於它將處在變動中的一些過渡性或中間環節的具體物質微粒宣佈為萬物之源、世界本體，顛倒了本末。所以，他感歎地作出結論說：「此心是真，此質是幻。執此幻者以為本體，是第二倒見也。」[184]

在認識論方面，章太炎著重說明，若按照「惟物者，自物而外，不得有他」這一標準來衡量，那就只有唯感性經驗是信的印度斫婆迦師、英國的休謨，才夠資格稱得上「真唯物論」。因為「斫婆迦說，以為現量誠諦，比量虛妄」，「而休謨之說，惟許現象，不許本質」，一個不容許追求事物之間的因果關係，一個不容許探尋現象背後的本質，「惟以現所感觸為徵」，比之不滿足於直接的感性經驗，而努力發現事物的因果關係與本質的所謂「相似之唯物論」來，要更加堅定，更加徹底。章太炎指出，這種「真唯物論」，以因果、本質等等俱為「心所妄念」，並非客觀實在所有，這一觀點，同唯識法相哲學

183　章太炎：《建立宗教論》，《民報》第九號，第6頁。
184　章太炎：《建立宗教論》，《民報》第九號，第6頁。

將「遍計所執自性」看作「意識周遍計度」的產物,幾乎不謀而合,足見這種「真唯物論」與唯識法相哲學並不絕對排斥。因此,他寫道:「即實而言,唯物之與唯心,其名義絕相反,而真唯物論乃即真唯心論之一部。」[185]

然而,章太炎只是在否定「遍計所執自性」的客觀實在性這一點上,引斫婆迦與休謨為同調。若由此再進一步,他們便分道揚鑣了。章太炎不僅在堅持有自在之物「真如」的存在以及能夠認識「真如」這一點上,與斫婆迦師、休謨觀點相反,即在因果關係問題上,他的立場和斫婆迦師、休謨也大相徑庭。斫婆迦師和休謨在根本上否認因果律,他們把因果聯繫說成人們思想中或想像中的一種習慣性的聯繫,章太炎則以為這種聯繫源於阿賴耶識中的「種子」或「原型觀念」。他說:「因果非物,乃原型觀念之一端。」[186]「因果之識亦心種子,不以前後因果而有心,唯依心而成前後因果。」「凡言因果,其間差別眾多。瑜伽、唯識並說十因五果。若專藉一因而成一果者,近事固鮮其例。……一果本非一因所成。《大毗婆沙論》二十一云:『一法既與多法為能作因,多法亦與一法為能作因。』今依法相,但說主因為能生因,其餘諸緣可說為方便因。」唯識法相哲學之所以說「無因論」,並非不承認因果關係的客觀存在,而是要求充分承認因果關係的複雜性,要求防止將人們對因果關係的主觀設定與猜度應用於本體「真如」。他就此寫道:「《瑜伽師地論》說:『因是無常。』《大毗婆沙論》二十一亦云:『我說諸因以作用為果,非以實體為果,又

---

185 章太炎:《四惑論》,《民報》第二二號,第14—16頁。
186 章太炎:《四惑論》,《民報》第二二號,第14頁。

說諸果以作用為因，非以實體為因。』諸法實體恒無轉變，非因果故。」[187]

章太炎認為，整個說來，「唯物者，雖不知圓成實性，猶據依他起性」，這比唯我論者執著「遍計所執」之「我」為實在要好得多，比之唯神論、唯理論更要高明。唯物論以「現量」為憑據的認識方法，比之唯我論、唯理論也要合宜得多，「識者以自證而知，物者以觸、受而知，皆有現量，故可就成也」[188]。以此，他說：「凡非自證及直覺、感覺所得者，皆是意識織妄所成。故不能真知唯識者，寧持唯物。」[189]而且，它更加切合世俗的需要：「唯物之論，於世俗最無妄矣。」[190]

以神為萬物本體和創造者的有神論，被章太炎看作「增益執」所造成的「第三倒見」，也給置在應當排除者之列。他寫道：

說神教者，自馬步諸述而上，至於山川土穀，稍進則有祠火與夫尊祀諸天之法，其最高者，乃有一神、泛神諸教。其所崇拜之物不同，其能崇拜之心不異。要以藐爾七尺之形，饑寒疾苦，輻湊交迫，死亡無日，樂欲不恒，則以為我身而外必有一物以牽逼我者，於是崇拜以祈獲福。此其宗教，則煩惱障實驅使之。或有山谷之民，出自窟穴，至於高原大陸之上，仰視星辰，外睇河海，而爽然自哀其形之小，所見所聞，不出咫尺，其未知者，乃有無量恒河沙數。且以萬有

187　章太炎：《齊物論釋》，第55—56頁。
188　章太炎：《辨性》下，《國故論衡》，第211、210頁。
189　章太炎：《辨性》下，《國故論衡》，第210頁注。
190　章太炎：《辨性》下，《國故論衡》，第216頁。

雜糅，棼不可理，而循行規則，未嘗衍於其度，必有一物以鈐轄而支配之，於是崇拜以明信仰。此其宗教，則所知障實驅使之。

不能退而自觀其心，以知三界惟心所現，從而求之於外，於其外者，則又與之以神之名，以為亦有人格。此心是真，此神是幻，執此幻者以為本體，是第三倒見也。[191]

在這裡，章太炎清楚指出，有神論的主要特徵，就是盲目地崇拜一種異己的力量，屈從於某一外在力量的統治。這種崇拜之心的產生，既有社會根源，又有認識根源。不是人們控制社會生活，而是社會生活的無常和苦難，使社會成了一種不可思議的異己力量，宰制著人們的命運，這就是社會根源；而眼界的狹窄和偏頗，普遍的愚昧和無知，使人們對宇宙繁雜的變化及其有規則的運動感到困惑不解，於是，便以為冥冥之中有一個萬能的主宰，這就是認識根源。

在這裡，章太炎還清楚地指出，宇宙萬物的遞化輪轉，都是作為萬物之本源的「真如」及阿賴耶識自身的運動，有神論成為一種顛倒了的世界觀，就是因為它力圖在宇宙萬物之外，尋得一個獨立於世界之外並高踞於萬物之上的造物主，將這個造物主看作世界的創造者。章太炎在其他許多地方，還反覆揭露和批評了有神論的這一謬誤。他說：「信神教者，以為天公巨靈，特生人類，以蕃其種，以潤色其世宙。故非獨死生不能自主，屏居遁世，不與社會耦俱，則已背上神之命。此誤認萬物為有作者，從而演為法戒，以根本之迷謬及其枝

191　章太炎：《建立宗教論》，《民報》第九號，第6—7頁。

條。」[192]他又說：「若萬物必有作者，則作者亦更有作者，推而極之，至於無窮。然則神造萬物，亦必被造於他，他又被造於他。此因明所謂犯無窮過者。」[193]

章太炎非常有力地批判了以人格神上帝為崇拜對象的基督教有神論。「基督教之立耶和瓦也，以為無始無終，全知全能，絕對無二，無所不備，故為眾生之父。」然而，只要稍作思考，便可發現，這四條一項也不能成立。無始無終是超絕時間，可是，基督教義明說上帝創造世界用了七天時間，並規定了世界的末日，這怎麼能說是無始及無終呢？如果說，這僅是世界之始終，而非上帝之始終，那麼，就要責問「彼耶和瓦之心，何其起滅無常也！」上帝忽而要創造世界，又忽而要毀滅世界，「其心既起滅無常，則此耶和瓦亦必起滅無常」。基督教義自身就推翻了「無始無終」的神話，這是其一。全知全能，就是無所不知，無所不能，可是，基督教義明說上帝的製品人類並非純善無缺，且有與上帝對立的天魔撒旦專門與神和人處處為敵，這不正證明了上帝所知有限，所能也有限麼？「是故全知全能之說，又彼教所以自破也。」這是其二。「絕對無二者，謂其獨立於萬有之上也。」可是，基督教義又偏要說上帝創造萬有，「則問此耶和瓦之創造萬有也，為於耶和瓦外無質料乎，為於耶和瓦外有質料乎？」若所有質料皆具足於耶和瓦中，則一切萬有亦具足於耶和瓦中，根本不需要上帝去創造；若耶和瓦外本有質料，則上帝就不再是絕對無二了。「是故絕對無二之說，又彼教所以自破者也。」這是其三。無所不

192　章太炎：《四惑論》，《民報》第二二號，第2頁。
193　章太炎：《無神論》，《民報》第八號，第6頁。

備，「謂其無待於外也」，可是，上帝既然需要創造人類，創造世界，就不能說他無待於外了。「是故無所不備之說，又彼教所以自破者也。」這是其四。神學教條中所有這些無可解脫的自相矛盾之處，充分證明了上帝的存在及上帝創世說全屬不經之談。《新約・以弗所書》說：「上帝就是眾人的父，超乎眾人之上，貫乎眾人之中，也在眾人之內。」章太炎指出：「父者，有人格之名，非無人格之名。」而上帝既為有人格之神，即當「與生人各有自性」，這樣，也就否定了上帝「無所不備」、「絕對不二」的說教；同時，既稱為父，即當有母與之對待，「若云不待牝牡，可以獨父而生，此則單性生殖，為動物最下之階」！[194]

章太炎的這番駁論，對基督教的神學體系是有力的一擊。他曾自述：「往者作《無神論》，大為基督教人所反對。廣州教會有《真光報》，以僕為狂悖至極。」[195]

章太炎不僅批判了以人格神為崇拜對象的有神論，而且還由此更深入一步，對吠檀多的以非人格神「高等梵天」為崇拜對象的有神論，對斯賓諾莎的泛神論、哈特曼的神是精神及康得的神不可知論，逐一進行了批判。

吠檀多派，是古代印度的一個重要哲學派別，以闡釋吠陀和奧義書的原本教義為其主要使命，包括商羯羅、羅摩奴闍、摩達婆、甯跋阿羅加、婆羅跋、有知派等許多小派別。在近代，印度著名哲學家辨

---

194 章太炎：《無神論》，《民報》第八號，第2—6頁。
195 章太炎：《答鐵錚》，《民報》第十四號，第121頁。

喜曾大力提倡吠檀多哲學。章太炎對吠檀多哲學有濃厚興趣，但反對其中有神論的傾向。

吠檀多哲學的主要觀點，章太炎曾扼要作了介紹。他寫道：

若夫吠檀多教亦立有神，而其說有遠勝於基督教者。彼所建立，一曰高等梵天，二曰劣等梵天。高等梵天者，無屬性，無差別，無自相。劣等梵天者，有屬性，有差別，有自相。而此三者，由於無明而起。既有無明，則劣等梵天亦成於迷妄。而一切萬物之心相，皆自梵出，猶火之生火花。是故梵天為幻師，而世間為幻象，人之分別自他，亦悉由梵天使其迷妄。若夫高等梵天者，離言說相，離名字相，離心緣相，謂之實在而不可得，謂之圓滿而不可得，謂之清淨而不可得。所以者何？實在、圓滿、清淨之見，皆由虛妄分別而成，非高等梵天之自性也。人之所思想者，皆為劣等梵天，唯正智所證者，乃為高等梵天。既以正智證得，則此體亦還入於高等梵天，非高等梵天之可入，本即高等梵天而不自知也。若其不爾，則必墮入輪迴，而輪迴亦屬幻象，惟既不離虛妄分別，則對此幻象而以為真。此則吠檀多教之略說已。[196]

吠檀多派所說的「梵天」，相當於哲學上的「有」或「存在」。高等梵天，是純粹的「有」與純粹的「存在」；劣等梵天，是雜染的「有」與雜染的「存在」。「無明」，指的是人對於自身本性、自身與梵天之間真實關係的無知。由於這種無知，導致「有」或「存在」異

---

196 章太炎：《無神論》，《民報》第八號，第7頁。

化，形成「幻有」。章太炎以為，這一理論與唯識法相哲學有相通之處，可是，吠檀多強行把作為本體而存在的「有」名之曰「梵天」，並分成「高等」與「低等」兩個，卻是「根本誤謬」。

章太炎指出，如果「高等梵天」有直接的因果作用，那麼，它就必須有其「自性」。「既有自性，則無任運轉變」。但是，這樣一來，「無明」便無從產生，「劣等梵天」也就無從生起。反之，如果「高等梵天」沒有直接的因果作用，那麼，它就「無異於佛家之真如」。但是，這樣一來，吠檀多的理論便要皈依於唯識法相哲學了：「真如無自性，故即此真如之中得起無明，而劣等梵天者乃無明之異語。真如、無明，不一不異，故高等梵天與劣等梵天亦自不一不異。」[197]章太炎在這裡說明，如果強行要把「高等梵天」看成具有獨立自性的造物主，把「劣等梵天」看成它在「無明」之下製作出來的產品，那麼，它就必然要同其他有神論一樣，陷入無以自拔的惡性循環邏輯謬誤；反之，如果把「高等梵天」看成與「真如」一樣「無自性」的本體，承認「真如」與「無明」不一不異，承認「高等梵天」與「劣等梵天」不一不異，那麼，它就將使「高等梵天」失去全部「神」性，而與唯識法相合流。以此，章太炎說：「由吠檀多之說，若變為抽象語，而曰真如、無明，則種種皆可通。若執此具體語，而曰高等梵天、劣等梵天，則種種皆不可通。此非有神教之自為障礙耶？」[198]

對於斯賓諾莎的泛神論，章太炎給予很高評價。他寫道：「近世斯比諾莎所立泛神之說，以為萬物皆有本質，本質即神。……世界流

197　章太炎：《無神論》，《民報》第八號，第8頁。
198　章太炎：《無神論》，《民報》第八號，第9頁。

轉，非神之使為流轉，實神之自體流轉。離於世界，更無他神；若離於神，亦無世界。此世界中，一事一物雖有生滅，而本體則不生滅。萬物相支，喻如帝網，互相牽掣，動不自由。……觀其為說，以為萬物皆實，似不如吠檀多教之離執著，若其不立一神，而以神為寓於萬物，發蒙叫旦，如雞後鳴，瞻顧東方，漸有精色矣。萬物相支之說，不立一元，而以萬物互為其元，亦盡華嚴『無盡緣起』之義。雖然，神之稱號，遮非神而為言，既曰泛神，則神名亦不必立，此又待於刊落者也。」[199]在這裡，章太炎充分肯定了斯賓諾莎萬有皆有本質、萬有即本質自身運轉的思想，讚許了斯賓諾莎萬事萬物互相聯繫和互相制約的觀點，對他以萬物皆是實在的立論則提出了批評，並反對他實際上取消了神，卻又仍然保留了神這個名稱。斯賓諾莎認為自然中沒有任何偶然的東西，一切事物的運動都受必然性支配，對此，章太炎也提出了批評。他反對斯賓諾莎的這種機械論，寫道：「荷蘭哲學家蘇比諾薩云：萬物變化，皆隨定理，無不整齊，雖一物不能逭。故一粒沙礫，隨風飄至，亦有定法。若使此沙礫飄往他處，他物不得居其處，而又將往他處，則秩序為之紊亂矣。是則以為天地未袪，數既前定……斯近釋氏之羯磨，而益使生民束縛於昊宰，斯又迂也。」[200]斯賓諾莎停留於泛神論而未能再向前躍進一步，走向無神論，章太炎認為，是因為他也未能擺脫所謂「增益執」的影響。以此，他惋惜地說：「諸事神者，皆起于增益執。泛神之說雖工，而由不了依他，故損減自心而增益外界。」[201]

199　章太炎：《無神論》，《民報》第八號，第9頁。
200　章太炎：《儒術真論》修改稿新增部分，北京圖書館藏手稿。
201　章太炎：《建立宗教論》，《民報》第九號，第19頁。

德國唯心主義哲學家哈特曼的代表作是《無意識哲學》。哈特曼在這部著作中，力圖調和黑格爾的泛理性論與叔本華的泛意志主義。哈特曼說，宇宙的本體是「無意識者」，它有兩重屬性，一是理性，二是意志。「無意識者」，即是絕對精神和神；理性和意志，則分別導致「宇宙惡」與「人格惡」。章太炎在《菌說》的修訂稿中曾經概略地介紹了他的這些觀點，說：「近世西方論善惡者分理性、非理性。塞倫古（謝林）變堪德（康得）之說，以為人能自由，終成惡果，而此能自由以造惡因者，亦上天賦之。先是黎步尼知（萊布尼茲）嘗作神惡論矣，自塞氏後，赫路托門（哈特曼）補苴其說，大氐謂：神賦人善，而與以自由。六根之欲，亢極過程，惡在根本者，則曰宇宙惡，此為積極，出於理性者也。好惡異人，貢高辟戾，惡不緣於情欲者，則曰人格惡，此為消極，出於非理性者也。夫此諸家言神惡、宇宙惡，其淵衷理照，蓋與荀子微近矣。惜乎其以哲學雜景教，猶未能墮除門戶也。」[202]在《無神論》中，章太炎指出：「赫爾圖門之說，以為神即精神。精神者，包有心物，能生心物。此則介於一神、泛神二論之間。」這一「包有心物」論，同其他有神論一樣，也無法自圓其說。[203]其後，他在《與人書》中，更為明確地指出，哈特曼以「無意識」為神、絕對精神、宇宙本體，是不能成立的。他寫道：「近世哲學、心理學家所謂『無意識者』，其意義至為汗漫，與吾輩所持有異。既有種種觀念，則初必與『作意』相應，後必與『思』相應。遍行五境，無不經歷，而豈得以『無意識』名之？彼所云『無意識者』，謂非審決印持不可引轉者耳。以唯識正教衡之，此

202　章太炎：《菌說》修訂稿增補部分，手稿，北京圖書館藏。
203　章太炎：《無神論》，《民報》第八號，第10頁。

但得云無勝解，不得云無意識。一念心起，必不能逃於意識之外，而況已有惡念者？」[204]

最後，章太炎還批評了康得，因為康得的不可知論為上帝及有神論的存在保留了地盤。章太炎寫道：「精如康得，猶曰：『神之有無，超越認識範圍之外，故不得執神為有，亦不得撥神為無。』可謂千慮一失矣。」為什麼呢？他說：「凡見量、自證之所無，而比量又不可合於論理者，虛撰其名，是謂『無質獨影』。」而所謂「上帝」，所謂「神」，既非現量所能直接感知，亦非自證所能證知，比量即推理又不能證明它的存在，便是這種虛撰其名的「無質獨影」，當然必須「竟撥為無」[205]。

對於有神論的批判，最終仍然歸結到必須破除「遍計所執自性」，掌握「依他起自性」，追求「圓成實自性」。章太炎說，從對草木龜魚、徽章咒印頂禮膜拜的圖騰崇拜，到對大梵、耶和瓦及真主頂禮膜拜的吠陀、基督、天方諸教，或「於萬有之中而橫計其一為神」，或「於萬有之上而虛擬其一為神」，都是「欲取一實以概無量無邊之實」，犯了「遍計所執之過」[206]。為了徹底破除有神論，章太炎要求建立一理性宗教、哲學宗教、道德宗教與之相對抗。他於是提出：「今之立教，惟以自識為宗。識者云何？真如即是惟識實性，所謂圓成實也。而此圓成實者，太沖無象，欲求趨入，不得不賴依他。逮其證得圓成，則依他亦自遣除。」[207]

204　章太炎：《與人書》，《民報》第十號附錄，第3—4頁。
205　章太炎：《無神論》，《民報》第八號，第11—12頁。
206　章太炎：《建立宗教論》，《民報》第九號，第10—11頁。
207　章太炎：《建立宗教論》，《民報》第九號，第19頁。

客觀唯心主義的唯理論，被章太炎視為由於執持「遍計所執自性」為實在即犯了「增益執」錯誤的又一種顛倒了的世界觀。他說：「蠕生者之察萬物，得其相，無由得其體。雖得之，不橫以無體為體。有文教者得其體矣，太上有唯識論，其次有唯物論。……最下有唯理論師，以無體之名為實，獨據遍計所執性，以為固然。」[208]他所說的唯理論師，主要指謝林、黑格爾、蒲魯東等人，也包括其他一些與經驗論相對立的唯理論者。

章太炎對唯理論的責難，首先是它「以無體之名為實」。他寫道：「無體之名，浮屠謂之不相應行（非心非物，故曰不相應行。《成唯識》有不相應行二十四種[209]。康得所說十二範疇，亦皆不相應行也）。意識用之以貫萬物，猶依空以置器，而空不實有。海羯爾（黑格爾）以有、無、成為萬物本，笛佉爾（笛卡爾）以數名為實體，此皆無體之名。莊周曰：『名者，實之賓。』（《逍遙游》）尹文曰：『有形者必有名，有名者未必有形。』（《大道上》）今以有名無形者為實，此蠕生所不執也。」[210]所謂「不相應行」，指其體相無從得知的那些概念，如「色同分」、「心同分」、「物同分」、「人同分」等類概念「眾同分」，「天人」、「男女」等雙詞彙「名身」等等，既非心，又非物，是人們對變遷、流動、造作中的諸現象作出的概括。章太炎認為，康得所說的單一性、多數性、總體性、實在性、否定性、制限性等十二範疇，黑格爾所說的有、無、成等「純粹理念」，笛卡爾的

208　章太炎：《辨性》下，《國故論衡》，第210—211頁。
209　不相應行二十四種，指得、無想定、滅盡定、無想天（無想報）、命根、眾同分、生、老、住、無常、名身、句身、文身、異生性、流轉、定異、相應、次第、勢速、時、方、數、和合、不和合。
210　章太炎：《辨性》下，《國故論衡》，第211頁。

「天賦觀念」即數學與幾何學定理，便都屬於這種「不相應行」。笛卡爾、黑格爾等將這些不相應行的概念獨立起來，說成超越於人們思想並存在於事物之先的純粹的、唯一真實的實體，宣稱只有它們方才是一切事物絕對真實的基礎，只有它們才是事物與對象的本質。章太炎引用莊周與尹文的論述，強調名以表實，但名不等於實，名更不能先於實而獨立存在，證明笛卡爾、黑格爾完全顛倒了名與實的關係。

章太炎對唯理論的另一責難，就是它將宇宙的運動納入了黑格爾所說的由「有」經「無」而至「成」的簡單公式。他認為，「海羯爾有、無、成之說」乃是「執著空言」[211]。他特別反對「有、無、成」這一公式中的目的性內容，說：「或竊海格爾說有、無、成義，以為宇宙之目的在成，故惟合其目的者為是。夫使宇宙而無所知，則本無目的也。使宇宙而有所知，以是輕利安穩之身，而俟焉生成萬物之自蠹？」[212]他認為，無論人們承認還是不承認，宇宙萬物的變化絕非以大功告成而終結，而恰恰是以新的矛盾、競爭和衝突為其向新質轉化的開始，「生生不已，終於競爭」，「非入無餘涅槃而滅度之，亦終於未濟而已」[213]。他並毫不諱言地確認了矛盾衝突的絕對性，說：「小亞細亞學者海邏克梨提（赫拉克利特）之言曰：『爭者，群生之父，萬物之王。一日息其爭戰，則宇宙將自滅亡。』其言雖悖，而適合於事情。」[214]

與此相聯繫，章太炎對黑格爾的發展觀也持懷疑態度，並從先前

211　章太炎：《齊物論釋》，第24頁。
212　章太炎：《五無論》，《民報》第十六號，第17頁。
213　章太炎：《蓟漢微言》，第17頁。
214　章太炎：《五無論》，《民報》第十六號，第18頁。

熱烈宣導進化論轉向鼓吹所謂「俱分進化論」。他寫道：

近世言進化論者，蓋肪於海格爾氏。雖無進化之明文，而所謂「世界之發展即理性之發展者」，進化之說已蘗芽其間矣。達爾文、斯賓塞爾輩應用其說，一舉生物現象為證，一舉社會現象為證。如彼所執，終局目的必達於盡美醇善之區，而進化論始成。……

雖然，吾不謂進化之說非也。……若云進化終極必能達於盡美醇善之區，則隨舉一事，無不可以反唇相稽。彼不悟進化之所以為進化者，非由一方直進，而必由雙方並進，專舉一方，惟言智識進化可爾。若以道德言，則善亦進化，惡亦進化；若以生計言，則樂亦進化，苦亦進化。雙方並進，如影之隨形，如罔兩之逐景。非有他也，智識愈高，雖欲舉一廢一，而不可得。曩時之善惡為小，而今之善惡為大；曩時之苦樂為小，而今之苦樂為大。然則以求善求樂為目的者，果以進化為最幸耶，其抑以進化為最不幸耶？

進化之實不可非，而進化之用無所取。自標吾論曰：俱分進化論。[215]

所謂「俱分進化論」，強調了事物發展總包含著互相對立的正反兩種趨向，反對黑格爾認為發展可以達到最終完成境界的保守傾向。然而，它沒有充分注意到黑格爾發展論中極為豐富的積極內容，沒有足夠重視黑格爾所揭示的整個自然的、歷史的、精神的世界運動和發展的內在聯繫，因而，便將孩子與髒水一起潑掉了。

215　章太炎：《俱分進化論》，《民報》第七號，第1—2頁。

章太炎對唯理論的責難，其三就是它誇大了必然性的作用，將使人們最終「一切不自由」。章太炎寫道：「如布魯東（蒲魯東）氏之說，則曰：『天下一事一物之微，皆將有而非現有，轉變化成，體無固定。而百昌之在恒沙世界，節族自然，盤旋起舞，合于度曲，實最上極致之力使然。有此極致，故百昌皆向此極致，進步無已。是雖必然，而亦自由。是故一切強權，無不合理。凡所以調和爭競者，實惟強權之力。』此以互相牽掣為自由，其說已暗昧難知矣。原其立論，實本於海格爾（黑格爾）氏，以力代神，以論理代實在。采邑有殊，質地無改，即使萬物皆歸於力。故持論至極，必將尊獎強權。名為使人自由，其實一切不得自由。後此變其說者，不欲尊獎強權矣，然不以強者抑制弱者，而張大社會以抑制個人，仍使百姓千名互相牽掣，亦由海格爾氏之學說使然。名為使人自由，其實亦一切不得自由也。」[216]這裡著重說明黑格爾的「以力代神，以論理代實在」，將規律性、必然性及邏輯公式的作用絕對化，就會陷入新的命定論，扼殺人們的自由。章太炎以此還進一步提出：「合法者，對不合法而言耳。有生之物，以有自由，而舉動率多逾法。彼無生者，既無自由，則不得不由他物相牽而動。萬物相支，互為推蕩，其合法亦奚足羨？」他還說：「凡取一物一事，而斷其合法與否，此亦惟在自心，非外界所能證也。……於此則被以不合法之名，於彼而被以合法之名，此特人心之自為高下，而于物何與焉？」以此，他宣稱：「云何合法？心之合法。與其歸敬於外界，不若歸敬於自心。」[217]

216　章太炎：《四惑論》，《民報》第二十二號，第3—4頁。
217　章太炎：《建立宗教論》，《民報》第九號，第15—16頁。

章太炎對唯理論的責難，其四就是它將世界的本源歸結為所謂「絕對精神」。

　　絕對精神，或絕對理念，是先於自然界與人類社會而存在的宇宙精神。黑格爾用它取代康得的「自在之物」，從而取消了意識之外獨立存在的客觀物質世界。全部世界運動被歸結為絕對精神自我異化而又自我復歸的三個階段：邏輯階段、自然階段、精神階段。思維、概念被說成本質，而物質、存在則被說成思維、概念的表現或現象。20世紀初，日本哲學界有不少人將黑格爾的哲學與馬鳴《大乘起信論》哲學加以比較，認為二者非常相像，特別是馬鳴的「如來藏」與黑格爾的「絕對精神」非常接近。對此，章太炎給以堅決駁斥。他說：「吾觀日本人說佛教者，或以馬鳴哲學比之海格爾說，徒以形式相同，強為比傅，其義絕遠。斯正隨文之過耳。」[218]其義絕遠，主要就表現在：章太炎所說的「真如」，只表示客觀的、永恆的實在，它存在於變化著、運動著的宇宙萬物之中，並構成其真實的本質；而黑格爾的「絕對精神」，則是完全脫離了客觀物質世界的精神性實體，它先於物質世界而存在，並成為整個世界的創造者。章太炎在說明「真如即是唯識實性」時強調說過：「若執識外別有真如者，即與計有、無為實物者同過。又此土學者，或立道，或立太極，或立天理，要之非指物即指心，或為綜計心物之代語，故亦無害。若謂心物外別有道及太極、天理者，即是妄說。」[219]所謂「其義絕遠」，還表現在：章太炎不承認「真如」的運動及諸法流轉服從某種固定的法則，而黑格

218　章太炎：《答夢庵》，《民報》第二十一號附錄，第19頁。
219　章太炎：《辨性下》自注，《國故論衡》，第211頁。

318　章太炎評傳

爾則堅持「絕對精神」的運動絕不會逾越他所勾畫出來的「純概念」運動的辯證法。章太炎為黑格爾哲學程式化了的形式所激怒，憤憤地寫道：「自我觀之，承志順則，自比於廝養之賤者，其始本以對越上神。神教衰，而歸敬於宿命。宿命衰，而歸敬於天鈞。俞穴相通，源流不二。世有大雄無畏者，必不與豎子聚談猥賤之事已。」[220]這就是斥責用任何邏輯公式或自然法則來使人們俯首貼耳，聽從命運的安排，堅持只有確認「真如」為唯一本體，才能最終堵塞一切通向上帝與宿命之路。

章太炎認為，為了正確認識世界的本來面目，除去破除「增益執」外，還必須破除「損減執」。他認為，康得所說的「感性直觀的純形式」空間與時間，「知性的純概念」十二範疇，以及休謨、康得關於現象的界說，便屬於「損減執」的典型。

在康得哲學中，空間與時間，只是人們感性直觀所固有的一種主觀形式，十二範疇，只是人們知性先天就具有的用以整理感性材料的構架，它們都超越於經驗，都不是客觀實在。人們借助於空間、時間和十二範疇而獲得的關於對象的知識，也就是為人們所認知的諸現象，因之便必然與客觀存在著的「自在之物」相脫離。章太炎認為，將空間、時間、十二範疇與諸種現象都看成純然主觀的東西，不承認它們各有其客觀依據，正是犯了「損減執」的過錯。

章太炎針對「以空間、時間為空」的觀點，提出責問：「假令空是絕無，則物質於何安置？假令時是絕無，則事業於何推行？」他指

---

220 」章太炎：《四惑論》，《民報》第二十二號，第22頁。

出：「若言無空間者，亦必無物而後可；若言無時間者，亦必無事而後可。」[221]既然承認「色塵之相」的存在，便不能不承認空間與時間的存在。他並指出：「若空間，則於五塵之靜相有所關係矣；若時間，則於五塵之動相亦有所關係矣。」[222]所謂於靜相有所關係，就是指空間起於五塵之「我慢」：「空間者，起於我慢。例如，同時同地，不能並容二物。何以不容？則因我慢而有界閡，因界閡而有方所。滌除我慢，則空間亦無自建立矣。」[223]所謂於動相有所關係，就是指時間起於「心法生滅相續無已」：「即自位心證自位心，覺有現在；以自位心望前位心，覺有過去；以自位心望後位心，比知未來。是故心起即有時分，心寂即無時分。」[224]這裡所說的「我慢」、「心起」，所指的就是由「真如」或「阿賴耶識」引起的運動，正如章太炎所說：「凡言心者，正當言識，以心本義為心藏，引伸為識之代詞。」[225]「我慢」，在這裡主要指五塵的廣延性；而「心起」，則主要指運動的延續性；章太炎也說明了，只要五塵存在，只要「真如」與「阿賴耶識」仍在運動，空間與時間就必然存在著。

康得說，「世界在時間裡有開始，在空間裡有界限」這一正題，同「世界在時間裡沒有開始，在空間裡沒有界限，它在時間與空間兩個方面都是無限的」這一反題，兩者都是成立的，這就恰好證明時間和空間都是主觀的感性形式，並非客觀存在。章太炎介紹康得這一觀點說：「彼其所以遮撥空、時者，以前此論空間者，或計有邊，或計

221　章太炎：《建立宗教論》，《民報》第九號，第5頁。
222　章太炎：《建立宗教論》，《民報》第九號，第4頁。
223　章太炎：《菿漢微言》，第2頁。
224　章太炎：《齊物論釋》，第8頁。
225　章太炎：《四惑論》，《民報》第二十二號，第17頁。

無邊，論時間者，或計有盡，或計無盡，互為矛，糾葛無已，于此毅然遮撥為無，而諍論為之杜口。」[226]康得這一推論是否正確呢？章太炎認為，並不正確。他針對有限與無限的矛盾，指出：無限這一概念完全是一個假設的概念，「所以知無量者，由於心起分別，先以大小長短相形，至不可形，而立無量之名。」事實上，它只是對難以窮盡的有限事物所作的簡單化的概括。窮究下去，便可發現，任何事物都意味著既無限大，又無限小，它們自身便是有限與無限的統一：「彼所謂無量者，謂其至大無外、至長無際耳。然至大者，極於無量；而取最小之微塵遞分析之，其小亦無有量。至長者，極於無量；而取最短之一剎那為之分析，則複有其短者，遞析遞短，而其短亦無有盡。」「以吾形而比于華藏，以吾壽而比於永劫，並細且短不可以量計也；若複取吾形而比於遞分之微塵，取吾壽而比於遞析之剎那，其大且長，又不可計其量矣。」[227]即以空間與時間而言，有限與無限總是相比較而存在的：「小不可令至無厚，大不可令至無外；一瞬不可令無生住，終古不可令有本剽。其猶一尺之棰，取半不竭。故雖等在處識、世識之中，而別相卷舒，非矩斗壺箭所能定也。」[228]因此，用空間與時間所包含的有限與無限的矛盾來證明空間與時間純為主觀的感性形式，並將二者「毅然遮撥為無」，也就完全站不住腳了。

章太炎還指出，空間是否有邊、時間是否有盡的問題，同事物本身是否有邊有盡的問題，是緊密地聯繫在一起的。他寫道：「若以物言，亦可執有邊、無邊之見。所以者何？現見六十四種極微，積為地

226　章太炎：《建立宗教論》，《民報》第九號，第5頁。
227　章太炎：《建立宗教論》，《民報》第九號，第14頁。
228　章太炎：《齊物論釋》，第31頁。

球，推而極之，以至恒星世界。此恒星世界、極微之量，果有邊際乎，抑無邊際乎？若以事言，亦可執有盡無盡之見。所以者何？現見單細胞物複生單細胞物，經過鄔波尼殺曇數層累階級而為人類，由此人類，複生人類，此一切眾生之流注相續者，果有始終乎，抑無始終乎？」這就是說，空間是否有邊的問題，其實就是從極微之量到恒星世界，諸物是否有邊的問題；時間是否有盡的問題，其實也就是從單細胞到人類一切眾生流注相續是否有盡的問題。以此，要說空間、時間俱應「遮撥為無」，那就必須「取物質、事業二者與空間、時間同日而遮撥之」；而絕不可「破空而存物，破時而存事」。章太炎指出，康得也深知完全否定物質、事業的存在過於偏激，因此「於物質中之五塵，亦不得不謂其幻有，而歸其本體於『物如』」。他反詰道：既然承認五塵為「幻有」，「則空間、時間何因不許其幻有耶？」既然承認「物有物如」，則「空間、時間何因不許其有空如、時如？」[229]

　　對於十二範疇，對於外界諸現象，亦即對於所謂「法塵」，章太炎亦作如是觀。他指出，康得既然承認「五塵」有「物如」為其本體，那麼，就不能不承認包括十二範疇在內的整個「法塵」也都有自在之物「真如」為其本體，因此，就沒有理由說十二範疇與外界諸現象同客觀實在完全脫節。他寫道：「損減執者，不知五塵、法塵同是相分，此諸相分，同是依識而起。……今者排擯意思，以為所見法塵，惟是妄想，而無外境；又取此五識所見之外境在五識中本不分別以為外境者，卻從意識所分以為外境。於彼則排擯意識，於此則又不

229　章太炎：《建立宗教論》，《民報》第九號，第5—6頁。

得不借資於意識，矛盾自陷，尚可通乎？」[230]對色、聲、香、味、觸的感知，離不開意識的作用，但並未因此而否認它們為「幻有」，有其本體「物如」，那麼，又怎麼能藉口對諸外界現象的認識離不開意識，而否認諸「法塵」為「幻有」，並有其客觀實在的本體呢？以此，他作出結論說：「五塵之安立，亦無異於法塵之安立。五塵固幻有也，而必有其本體；法塵亦幻有也，寧得謂無本體？於幻有中起損減執，其空名亦無由為空名矣。」而之所以會產生「損減執」，則與產生「增益執」一樣，「由不識依他起自性而然也」[231]。

章太炎批判了唯我論、經驗論、唯理論等，進一步顯示了「以自識為宗」的宗教不同於世俗一般所說的宗教。他就此寫道：「佛法的高處，一方在理論極成，一方在聖智內證。豈但不為宗教起見，也並不為解脫生死起見，不為提倡道德起見。只是發明真如的見解，必要實證真如；發明如來藏的見解，必要實證如來藏。與其稱為宗教，不如稱為『哲學之實證者』。」他在說明應當如何深入研治佛法時，又著重指出：「本來專門講學，原是要彼此辯論。但據著道理的辯，總是愈辯愈精；執著宗教的辯，反是愈辯愈劣。……若曉得佛法本來不是宗教，自然放大眼光，自由研究。縱使未能趣入實證一途，在哲學的理論上，必定可以脫除障礙，獲見光明。」[232]在「西向希臘、德國，東向印度、支那」，對各種哲學思想體系進行的評述中，章太炎所謀求建立的新宗教究竟是怎麼回事，也就清楚了。

230　章太炎：《建立宗教論》，《民報》第九號，第4頁。
231　章太炎：《建立宗教論》，《民報》第九號，第3—4頁。
232　章太炎：《論佛法與宗教、哲學以及現實之關係》，《中國哲學》第六輯，第300—301頁。

第七章

民初論政

7.1 黨治讜言

　　1911年10月11日，章太炎正在講堂上「拿佛學印證《莊子》」，從號外中獲知武昌起義的消息，[1]但直到「聞湖南、江西相繼反正」，他方才中斷「講業」[2]。10月25日，他主持起草發佈了《中國革命黨宣言書》，以中國革命黨本部的名義，勸誡清廷陸海軍將士明辨是非，不要與義師爭命，並呼籲東西各國嚴守中立。[3]他還發表了一封致滿洲在東留學生諸君的公開信，要他們警惕日本侵華野心，歡迎革命成功，以優遊共和政體之中。[4]他還在檳榔嶼《光華日報》上發表了長篇論文《誅政黨》，對康有為、梁啟超、張謇、楊度、蔣智由、嚴復、馬良、湯壽潛、鄭孝胥等立憲派頭面人物逐一給予猛烈的抨擊，揭露他們各為朋黨，「操術各異，而競名死利則同；為民蠹害，又一丘之貉也」。文章指出：「歐、美政黨貪婪競進雖猶中國，顧尚有正鵠。政府有害民之政，往往能挾持不使遂行；及自秉政，他黨又得議其後。興革多能安利百姓，國家賴焉。漢土則獨否。蓋歐、美政黨自導國利民，至中國政黨，自浮誇奔競，所志不同，源流亦異。」正因為如此，文章要人們千萬不要寄希望於這樣一些人物，更不要將他們的朋黨與西方近代政黨等量齊觀，「托命此曹，亦猶鷦之巢葦苕也」。章太炎認為，中國真正的近代政黨建設與政黨政治，都有待於革命成功以後。[5]

1　　劉文典：《回憶章太炎先生》，1957年4月13日《文匯報》。
2　　章太炎：《太炎先生自定年譜》宣統二年辛亥。
3　　《日本外務省檔案》1.6.1.4─2─1.《關於清國革命黨員之件》。
4　　馮自由：《清肅王與革命黨之關係》，《革命逸史》第五集。
5　　太炎：《誅政黨》，1911年10月26、29、31日《光華日報》。

上海革命黨人11月3日發動起義，7日建立上海軍政府。章太炎一聽到上海光復的消息，就帶了十多名青年學子乘火車離開東京，11月11日上午10時在神戶乘輪船離開了他已旅居了5年零4個月的日本。

11月15日，章太炎回到上海。16日《民立報》發表《歡迎鼓吹革命之文豪》，說：「章太炎，中國近代之大文豪，而亦革命家之鉅子也。……今章太炎已回國返滬矣，記者謹述數語以表歡迎之忱，惟望我同胞奉之為新中國之盧騷。」這時，已有十四省相繼宣佈「獨立」。清廷為了撲滅革命，起用了袁世凱。可是，起義各省互不統屬，各自為政。怎樣將革命力量和一切可以爭取的力量聯合起來，共同推進革命形勢，以推翻清王朝，建立中華共和制度，這是放在革命黨人面前的中心問題，也是章太炎所面臨的最大問題。

首要的任務是促進起義各省聯合為一體。章太炎想利用自己的社會地位與影響，「任調人之職，為聯合之謀」[6]。第一步，是他說服了吳淞都督李爕和放棄都督稱號，奉蘇州軍政府都督、原江蘇巡撫程德全為江蘇全省軍政府都督，以推動結束江蘇一省五都督的局面。接著，他在積極支援攻克南京、出兵援鄂的同時，發起組織中華民國聯合會，企圖以此推動各地區、各派系的聯合，為中華民國的建立提供組織基礎。

11月20日，章太炎與程德全聯名在上海《時報》上發表了《為統一意見發起中華民國全國聯合會宣言》，說：「當困居專制政體之下，其功在於破壞；而在今日已脫離舊政府之羈絆，所重尤在建設。」鑒

6　《章炳麟致民主報社書》，1911年11月21日《民立報》。

於「吾國疆宇廣闊，交通素未便利，各省語言不同，習尚互異，聲氣既多隔閡，心志間有未齊」，故「擬發起中華民國聯合大會，附設言論機關，集合各省巨集通達識之士，公同研究共和聯邦政治與今時適用問題，發揮刊佈，期以整一宗旨；並調查各省獨立團體之情況，而監察其行為，庶以扶助共和政府之完全成立，而保亞洲和平之大局」。同一天，他們還通電各地軍政府及各獨立團體，要求各地「公選駐省幹事員四人」，以便專門聯絡通信。[7]

12月14日，章太炎手定的《中華民國聯合會章程》在《民立報》與《時報》等上海大報上同時刊佈，規定該會「為聯合全國一致進行起見，定名為中華民國聯合會」，「以聯合全國，扶助完全共和政府之成立為宗旨」。該會設正會長一人，副會長一人，駐會幹事每省一人，駐省幹事每省四人，參議員每省二人，由駐會幹部組成總務、會計、書記、交際、調查五科，分科辦事。章程規定該會事務主要為四個方面：一、「對於各獨立團體，如有妨礙共和之進行者，應聯絡各團體設法糾正之」；二、「對於中央政府及各都督府，凡關於充實兵力之事，應盡力協助之」；三、「對於政治、外交問題，得開會研究，條陳意見於政府」；四、「設《大共和報》為發表言論機關」。在這個章程上簽名的首先是章太炎，以下為程德全、趙鳳昌、張謇、唐文治、陳三立、黃雲鵬、應德閎等人。

中華民國聯合會的醞釀與籌備過程，實際上就是光復會與中部同盟會等不同革命團體以及轉向革命營壘的原立憲派人士逐步聯合的過

7　　1911年11月21日《時報》。

程。要不要聯合已經投身光復、贊成共和的原立憲派人士，當時意見並不統一，章太炎為此在給張繼、于右任的一封信中曾說：「資政院、諮議局人，不可稱立憲黨，立憲黨亦與保皇黨殊。……立憲黨者，其間亦玉石不齊，與革命黨相類。若夫憤國權之淪喪，哀行政之苛殘，屈於滿洲帝制之下，而不得不以君主立憲為名者，蓋三分居二焉。今者民國成立，名分已移，安有屈強不悟，以崇戴大事為表幟者哉？」談到自己對於原立憲黨人的態度時，他說：「曩日所以力排二黨者，慮其為建虜用耳。今者屠胡已去，天下為公，雖無公旦之賢，握髮吐哺，期於招延彥聖。若夫懷媚嫉之心，挾陰私之計，甯使人材蟄伏，邦國殄瘁，而必不可使一黨居於勢要者，非獨僕所不為，亦願諸君與同盟人深戒之也。」[8]正是基於這一認識，章太炎視他們為建立共和所應聯合的一支重要的社會政治力量。

從一開始籌建臨時中央政府起，就出現了分歧。武昌作為首義地區，成了一個中心；而上海，作為江浙一帶人文薈萃之區，中部同盟會基地，南北東西交通樞紐，成了又一個中心。11月20日，在上海召開的各省都督府代表聯合會議決定承認武昌鄂軍都督府為中華民國中央軍政府，但堅持代表聯合會議仍然繼續留駐上海，使中央政府事實上二元化。上海方面的態度，出於對黎元洪的不信任，對原湖北諮議局的不信任，以及對原文學社、共進會成員的不信任，希望將中央政府的實際權力控制在自己手中。陳其美、程德全、湯壽潛乃至張謇等人當時在這個問題上採取了基本一致的立場。這些做法，延緩了統一的中央政權建立的時機，使已經光復的各省無法集中他們的力量同袁

8　《章太炎先生與張繼、于右任二先生書》，1912年4月1日《大共和日報》。

世凱相抗。

　　章太炎一回國，就主張「應承認武昌為臨時政府」[9]。在其後十多天中，他又反覆強調：「方今惟望早建政府，速推首領，則內部減一日之棼亂，外人少一日之覬覦。」為了盡速組成中央政府，他建議由黎元洪、黃興為元帥、副元帥，「由首領委任內閣總理，總理組織內閣各部」[10]。他並推舉由宋教仁出任內閣總理，由湯壽潛、蔡元培、張謇、伍廷芳分掌郵傳、學部、財政、外交。他希望按照這一方案，組成既以革命黨人為核心、又能團結各派力量的中央政權。當各省代表會議在漢口召開後，12月2日，他又打電報給新當選的代表會議議長譚人鳳，說：「革命軍起，革命黨消，天下為公，乃克有濟。今讀來電，以革命黨人召集革命黨人，是欲以一黨組織政府。若守此見，人心解體矣。諸君能戰即戰，不能戰，弗以黨見破壞大局。」[11]在他看來，同盟會也好，光復會也好，原先都是處在秘密狀態的、人數相當有限的革命團體，他們在武昌起義以來的革命發展過程中，起了領導與核心作用，但是，僅僅憑藉他們自身的力量，或者用立即擴大組織，將贊成革命與共和的人全部拉入革命黨內的辦法，造成「以一黨組織政府」的局面，並不符合當時各派力量配置的實際狀況，也不利於促進各派力量的團結與合作，不利於中央政府的早日組成。章太炎的這封電報，要求突破同盟會、光復會原先適應秘密活動而形成的必要限界，廣泛地聯合革命軍大纛下的各派力量，組成統一政府，反映了他希望實現革命軍大聯合、及早建成統一的中央政權以與清廷

9　　1911年11月17日《神州日報》。
10　章太炎：《宣言》一、四、六、九，1911年12月1日《民國報》。
11　1911年12月4日《神州日報》。

及袁世凱相抗的強烈願望。但是，他的這封電報，非但沒有促進革命軍各派力量的真正統一，反而在革命黨人內部增加了思想混亂，圍繞著對待革命黨、原立憲派應當採取什麼態度這個問題，發生了激烈的紛爭與衝突。

12月2日，章太炎應邀與黃興、宋教仁、陳其美、程德全、湯壽潛共商臨時政府組建問題。在會上，黃興力主將政府設於南京，章太炎堅持「以武昌為都城，以金陵為陪都」。攻佔南京的捷報，武昌吃緊的消息，使主張定都南京的意見一下子占了上風。12月4日，蘇、浙、滬三都督邀集各省留滬代表緊急會議，要求定南京為臨時政府所在地，推舉黃興為大元帥。章太炎提議推舉黎元洪為副元帥，為會議所通過。

1911年12月25日，從海外歸來的孫中山乘輪船到達上海，受到各界人士的盛大歡迎。組建臨時中央政府的工作，加緊進行起來。

就在臨時政府正式成立的日子裡，章太炎為了實現他聯合各派力量、建立共和政府的計畫，加緊進行了活動。1912年1月4日，《大共和日報》創刊，章太炎作為報社社長為它寫了發刊辭，說：「風聽臚言，高位之所有事；直言無忌，國民之所自靖。日報發刊，大義在茲。箴當世之癮疢，謀未來之繕衞，能為諍友，不能為佞人也。」[12]表明了為建立共和、新創民國勇於建言的立場。這一天下午，中華民國聯合會在上海江蘇教育總會召開成立大會，正式宣佈成立。到會者兩百多人。投票選舉結果，章太炎得一百二十六票，當選為會長；程

12　章炳麟：《本報發刊辭》，1912年1月4日《大共和日報》。

德全得八十一票，當選為副會長。繼由各省會員互選參議員，結果，江蘇為唐文治、張謇；浙江為蔡元培、應德閎；湖南為熊希齡、張通典；湖北為黃侃；安徽為汪德淵、程承澤；四川為黃雲鵬、賀孝齊；其他江西、廣西、雲南、廣東、甘肅、貴州等省，各一名或二名不等。大會還一致決定，在各省設立分會。[13]中華民國聯合會總部設於上海，分設總務、文牘、交際、會計四個科，各科主任幹事分別為孟森、王伯群、王紹鰲、張弧，俱由會長指名任命。總會還另設「特務幹事」若干名，「由參議會公推名望最著者任之，以維持會務，並力圖發展」[14]。首批被推舉的就有張謇、趙鳳昌、葉楚傖、莊蘊寬等四人。據章太炎自己的說明，「特務幹事，即領袖之異名，國有大疑，即當諮訪」[15]。由此，中華民國聯合會便成了武昌起義以來新建立的第一個全國性的政治團體。

在《大共和日報》的發刊辭和在中華民國聯合會成立大會上發表的長篇演說中，章太炎比較系統地闡述了他關於立國的具體設想和建國的主要要求。

首先，關於國家體制問題，章太炎反對仿行美國式的聯邦制。他指出：「蓋美之各州，本殖民地，各有特權，與吾各省之為行政區劃、統一已久者不同，故絕不能破壞統一，而效美之分離。至所謂獨立者，對於滿廷而言，非對於新建之民國也。」[16]他傾向於仿行法國

13　《中華民國聯合會成立紀事》，1912年1月5日《大共和日報》。
14　《章太炎、程德全啟事》，《趙鳳昌藏箚》第三十二冊，北京圖書館藏。又見《辛亥革命在上海史料選輯》，第1090頁。
15　章太炎：《與張季直先生書》，1912年1月20日《大共和日報》。
16　《中華民國聯合會第一次大會章太炎先生演說》，1912年1月5日《大共和日報》。

式的體制，說：「君主世及之制既亡，大總統遂為相爭之的。不速限制，又與專制不殊。惟有取則法人，使首輔秉權，而大總統處於空虛不用之地。」這就是實行內閣制，而不是實行總統制。但是，他看到，全盤照搬法國體制，也不能解決中國所有實際問題：「今日人情偏黨，省界亦深，政黨未成，一人秉鈞，其鄉人又連茹而至。草創之初，誠無善術矣。法美兩制，皆不適於中區。」[17]為此，他提出，要「因地制宜，不尚虛美，非欲盡效法蘭西、美利堅之治也。……民主立憲起於法，昌於美。中國當繼起為第三種，寧能一意刻畫、施不可行之術於域中耶？」[18]

第二，關於政權的構成或政權的具體形式問題，章太炎基本上堅持了先前在《代議然否論》中所提出的主張。他於立法、司法、行政三權分立之外，又著重闡述了教育與糾察二權獨立的必要性，一再說明：「三權分立之說，現今頗成為各國定制。然吾國於三權而外，並應將教育、糾察二權獨立。蓋教育與他之行政關係甚少，且教育宗旨定後，不宜常變，而任教授者，又須專門學識，故不應隨內閣為進退。糾察院自大總統、議院以至齊民，皆能彈劾，故不宜任大總統隨意更換。」[19]在給臨時大總統孫中山的一封信中，他特別論述了尊重糾察權獨立的重要性：「私衷過慮，以為天下恒少善人，況承滿政府腐敗之餘，貪墨生心，奸欺得志，非督以威刑，格以繩墨，舊染將不可滌除。獨於執事尊重糾察一事，有所採擇，亦以救弊宜然耳。」[20]

17　《本社社長覆張季直先生書》，1912年1月6日《大共和日報》。
18　《本報發刊辭》，1912年1月4日《大共和日報》。
19　《中華民國聯合會第一次大會章太炎先生演說》，1912年1月5日《大共和日報》。
20　章太炎：《覆孫中山書》，《大中華》第二卷第十二期。

在糾察院建立起來以前，應當特別重視發揮報章在這一方面的作用：「報章之作，所以上通國政，旁達民情，有所彈正，比於工商傳言。粵當擾攘之世，法律未頒，議員未選，托之空言，亦以救世。是故不侮鰥寡，不畏強禦，是新聞記者之職也。……諸新聞記者，其當不務諂媚，不造誇辭，正色端容，以存天下之直道。」[21]

第三，關於立法的原則和立法的工作。章太炎在論述新政權的立法工作時，主張必須考慮到中國的實際情況。他說：「中國本因舊之國，非新闢之國。其良法美俗應保存者，則存留之，不能事事更張也。蓋中國與美絕不同，美為新建之國，其所設施，皆可意造，較中國易，無習慣為之拘束也。與法亦懸殊，法系破敗之國，推翻一切，而中國則不然，如悉與習慣相反，必不能行。」[22]他又說：「夫推舟於陸，行周於魯，世知其不能也。政治、法律皆依習慣而成，是以聖人輔萬物之自然而不敢為。其要在去甚，去奢，去泰。若橫取他國已行之法，強施此土，斯非大愚不靈者弗為。」[23]在這些論說中，章太炎觸及了法的基礎這樣一個根本性的問題。他看到了，法絕不是憑藉某些個人的意志和靈感就能確定並為社會所接受的。「政治、法律皆依習慣而成」，「輔萬物之自然而不敢為」，都突出了法的基礎是不依個人的意志為轉移的那些自然形成的現實生活秩序。鼎革之際，立法是非常必要的，「去甚，去奢，去泰」，即適應現實生活的變化，對法不斷進行調整，使之更能體現人們的所謂共同利益，在章太炎看

21　章太炎：《敬告同職業者》，1912年1月7日《大共和日報》。
22　《中華民國聯合會第一次大會章太炎先生演說》，1912年1月5日《大共和日報》。
23　《本報發刊辭》，1912年1月4日《大共和日報》。

來，是新政權立法所應遵循的正確方針。所以，他主張首先重視對國勢民俗的綜合考察與了解，並以此作為立法的基礎。為此，他專門寫了一篇《先綜核後統一論》，說：「往者清政府諸議官，不審民情，徒鑒往律之弊，而勿能斟酌國俗，貿然取則日本，上晞唐律，作新刑律以更舊制，終於為世釀嘲，斯武斷之罪也。……夫誠欲統一者，不在懸擬一法，而在周知民俗，輔其自然，故其事必從綜核起。」特別是「賦稅之則，刑律之條」，章太炎以為，「其事細如牛毛，其亂棼如討羽，順而理之，後或可以漸革。逆而施之，在今日已跋躓不行矣。」為此，他建議：「政府當遣十數大使于各省，分科巡視，知其政俗，以告執政，以周知天下之故。」[24]

第四，關於新政權所應實施的經濟政策。在中華民國聯合會成立大會上，章太炎就此專門闡述了自己的觀點。他說：

近來對於民生問題，頗有主張純粹社會主義者。在歐洲程度已高之國，尚不適用，何況中國？惟國家社會主義，仍應仿行。其法如何？

（一）限制田產。然不能虛設定數，俟查明現有田產之最高額者，即舉此為限。

（二）行累進稅，對於農、工、商業皆然。

（三）認遺產相續稅。凡家主沒後，所遺財產與其子弟者，當依其所遺之數抽稅。

至若土地國有，奪富者之田以與貧民，則大悖乎理。照田價而悉

24　章太炎：《先綜核後統一論》，1912年1月11日《大共和日報》。

由國家買收，則又無此款，故絕對難行。如共產主義之限制軍備，只可就兵力已充之國言之，而非適用於今日之中國也。若財政問題，現時只宜整理，不應增加。釐正漏規而搜括中飽，改正稅則而平均負擔，國家收入自必倍增於前日。然富國必先足民，國民經濟應為發展，金融機關宜求整理，則統一幣制、設立國家銀行，實為今日不可緩之事也。[25]

比之《民報》時期宣導的「均配土田」，章太炎這時在土地問題上顯然後退了一大步。但就他這時整個經濟主張而言，所謂仿行「國家社會主義」，所謂「釐正漏規」和「改正稅則」，所謂發展「國民經濟」、整理「金融機關」、「統一幣制，設立國家銀行」等等，毫無疑問，仍是要求在新政權建立以後推行一條積極發展實業的路線。

章太炎這一時期的言論和主張遭到原同盟會許多成員的抨擊。孫中山回國後，12月30日，在上海召開了中國同盟會本部臨時會議，在滬的各省分會負責人應邀出席了這次會議，章太炎被擯斥於會外。會上通過一份意見書，對章太炎倡言「革命軍起，革命黨消」進行了猛烈的抨擊，說：「吾黨偏怯者流，乃唱為『革命軍起，革命黨消』之言，公然登諸報紙，至可怪也。此不特不明乎利害之勢，於本會所持之主義亦懵之，是儒生闒茸之言，無一粲之值。」[26]孫中山就任臨時大總統後，即提出各部部長名單，交各省代表會討論。原擬宋教仁長內務，章太炎長教育，遭到代表中同盟會一派的反對，經黃興出面折

25　《中華民國聯合會之演說錄》，1912年1月5至6日《大共和日報》。
26　《同盟會本部改定暫行章程並意見書》，1912年1月2日《天鐸報》。

衝，改任程德全、蔡元培。章太炎於是又被摒斥於臨時政府之外。南京臨時政府成立後，浙督湯壽潛調任交通總長，所遣浙江都督一職，湯壽潛提議由章太炎或陶成章、陳其美代理。章太炎聞訊，即專電湯壽潛及浙江軍政人士，表示自己「天性耿介，唯願處於民黨地位」[27]，而大力推薦陶成章，不料，1月14日，陶成章在上海法租界廣慈醫院被陳其美遣蔣介石著人刺殺身死[28]。時陶成章「欲以繼湯壽潛督浙，與李燮和、林述慶聯絡一氣，左提右挈，而光復會之羽翮張，橫絕東南」，而陶一死，「炳麟失其謀主，燮和無與提挈，光復會於是無能為役矣」[29]。

在陶死後，許多地方，都發生了排斥光復會、殺害光復會成員的事件。就中最為突出的，就是廣東都督陳炯明命令將在潮汕光復中功勳卓著的光復會成員許雪秋、陳雲生、梁金鼇等部民軍包圍繳械，並將許雪秋、陳雲生、陳湧波三人就地槍決。章太炎親自給孫中山寫了一信，要求他出面幹預，阻止事態繼續向壞的方面發展。信中寫道：

自癸甲以來，徐錫麟之殺恩銘，熊成基之襲安慶，皆光復會之舊部人也。近者李燮和攻拔上海，繼是複浙江、下金陵，光復會新舊部人皆與有力。雖無赫赫之功，庶可告無罪於天下。……縱令一二首領政見稍殊，胥附群倫，豈應自相殘殺？……唯願力謀調處，馳電傳知，庶令海隅蒼生，咸得安堵。[30]

27　章太炎：《致湯壽潛電》，1912年1月8日《民立報》。
28　黃炎培：《我親身經歷的辛亥革命事實》，《辛亥革命回憶錄》（一），第67頁。
29　錢基博：《辛亥江南光復實錄》，《辛亥革命》（七），第50頁。
30　《章太炎先生致臨時大總統書》，1912年1月28日《大共和日報》。

同室操戈，使章太炎悲痛。孫中山立即給陳炯明和中國同盟會廣東支部發了長篇電文，確認「同盟、光復二會，在昔同為革命黨之團體」，強調：「兩會欣戴宗國，同仇建虜，非只良友，有如弟昆。縱前茲一二首領政見稍殊，初無關於全體，今茲民國新立，建虜未平，正宜協力同心，以達共同之目的，豈有猜貳而生鬩牆？」[31]

　　孫中山於2月初委任章氏與張靜江為總統府樞密顧問。2月7日，章太炎在孫中山所派迎接專使但燾的陪同下抵達南京。據報導，章氏當天即與孫中山相晤，「談組織政黨事，甚歡洽」[32]。據陪同章太炎會見孫中山的王紹鏊回憶，章太炎對孫中山說：「各省雖已先後獨立，但同時也形成了各自為政的局面，情況十分複雜，需要有一個聯合的組織，把各地的革命力量團結起來，才能對付袁世凱。」[33]

　　就在章太炎從南京回到上海的時候，南北議和已經進入結束階段。2月12日，清帝發佈了退位詔書；次日，袁世凱致電南京臨時政府，承認「共和為最良國體」；同一天，孫中山諮文向參議院辭去臨時大總統職務，並推薦袁世凱繼任。為了便於制約袁世凱，孫中山、黃興都力主建都南京，迫令袁世肯南下就職。章太炎起初對南北議和並不熱心。岑春煊對章太炎說過：「在清宜死社稷，在南宜北伐，無議和理。」章太炎「頗是之」[34]。正是基於這樣一種態度，對於南北議和中種種交涉，他幾乎全未置喙。然而，面對光復會受到摧殘、排

31　《南京臨時政府公報》第一號，1912年1月28日。
32　《南京電》，1912年2月9日《民立報》。
33　王紹鏊：《辛亥革命時期政黨活動的點滴回憶》，《辛亥革命回憶錄》（一），第399頁。
34　《太炎先生自定年譜》民國元年。

擠的嚴酷事實，他對南京臨時政府漸漸失去了信任；邊警告急，沙皇俄國乘機在外蒙策劃「獨立」，在內蒙與新疆製造混亂，日本與其他列強也在不斷施展陰謀，使他對南京臨時政府政令不出石頭城的軟弱無力、無所作為狀態日益不滿，轉而寄希望於袁世凱，以為南北議和成功，將可早日結束南北分裂局面，穩定國內，共同對付外來侵略勢力。這就是他所自述的：「以南府昏繆，自翦羽翼，不任戔伐，假手袁氏，勢自然也。」[35]在述及對袁世凱的看法時，他特別強調說：「夫國人所以推袁項城者，豈以為空前絕後之英乎？亦曰國家多難，強敵乘之，非一時之雄駿，弗能安耳。」[36]建都何處最為合適，返國以後，章太炎變動了好幾次。起初，南北對峙，他急於推動已經獨立的各省早日建成統一的中央政權，力主建都於首義之區武昌；南北議和期間，袁世凱態度尚捉摸不定之時，他曾設想建都於中原平陸「鄴洛之間」，「庶幾控制北維，不憂疏泆」[37]。這時，外患日亟，清廷在北方又仍保留相當勢力，而袁世凱又信誓旦旦忠於共和，「永不使君主政體再行於中國」，章太炎便建議仍然建都於北京。

2月14日，南京參議院就國都問題進行投票，主張北京者二十票，主張南京者五票，主張武昌者二票，主張天津者一票。2月15日，由於孫中山堅持，南京參議院就國都問題覆議，結果，主南京者改為十九票，主北京者六票。就建都而發生的這場爭論，使章太炎在一部分同盟會員中更成了大逆不道的異端或叛逆者。2月15日，南京參議院舉行臨時大總統選舉會，以一致票推選袁世凱為臨時大總統，

35　《太炎先生自定年譜》民國元年。
36　章太炎：《敬告對待間諜者》，《太炎最近文錄》，第26頁。
37　章太炎：《覆張季直先生書》，1912年1月20日《大共和日報》。

並稱譽袁為「中華民國之第一華盛頓」。

在章太炎眼中，袁世凱長期從政，有豐富的處理國務的實際經驗，直接掌握著當時中國最大的一支軍事力量，他逼使清帝退位，宣佈擁護共和，不僅避免了一場內戰，遏制了外來軍事干涉，而且使真正實現舉國統一和共和有了希望。因此，袁世凱繼任臨時大總統，重新激起了他企圖實現統一共和的熱情。

為了順應形勢的變化與發展，3月2日，在章太炎主持下，中華民國聯合會在江蘇教育總會舉行了改組大會，正式宣佈改組為「統一黨」。章太炎解釋說：「統一二字，若當國勢鞏固之後，本無庸說，現在則不得不有所需求。以中國此時南北尚未和合，外藩尚未親附，政權兵權尚未集中，故宜標示此義。」[38]這就明白宣示，改組中華民國聯合會為統一黨，目的在於集天下之智勇，聚天下之精材」，以使南北和合、外藩親附、政權兵權集中，以實現真正的統一。《統一黨章程》「總綱」第一條開宗明義宣佈：「本黨以統一全國建設，強固中央政府，促進完美共和政治為宗旨。」第二條宣佈：「本黨政綱如左：（一）固結全國領土，釐正行政區域；（二）完成責任內閣制度；（三）融和民族，齊一文化；（四）注重民生，採用社會政策；（五）整頓財政，平均人民負擔；（六）整頓金融機關，發達國民經濟；（七）振興陸海軍備，提倡徵兵制度；（八）普及義務教育，振起專門學術；（九）速成鐵路幹線，力謀全國交通；（十）厲行移民墾殖事業；（十一）維護國際平和，保全國家權利。」[39]這些政綱勾畫出

38　《聯合會改黨紀事》，1912年3月3日《大共和日報》。
39　《統一黨章程》，《辛亥革命在上海史料選輯》，第779—780頁。

了統一黨所追求的「完美之共和政治」的具體形象。章太炎說，統一黨「不取急躁，不重保守，穩健為第一義」[40]。這一特色在統一黨的總綱中得到了清楚的反映。

統一黨理事五名，他們是章太炎、張謇、程德全、熊希齡、宋教仁。從統一黨的領導層特別是理事與參事的構成來看，則確如章太炎所說，統一黨系「集革命、憲政、中立諸黨而成」。章太炎說，統一黨的組織原則是「無故無新，唯善是與，只求主義不涉危險，立論不近偏枯，行事不趨狂暴，在官不聞貪佞者，皆願相互提攜，研求至當」[41]。「無故無新」，實際上只不過是招徠與容納憲政、中立諸黨人的美言；而「唯善是與」，善的標準當然只是統一黨的那些政綱。

章太炎搶先建立了第一個「恃國會為生活者」的政黨，目標正是想在「南北混一，區夏鏡清」的新形勢下，實行共和制下的政黨政治。張孝若在回溯他的父親張謇同章太炎當時的意圖時說：「那時候章公炳麟在上海常與我父見面，會商民國成立以後的政治建設，一面謀鞏固民主根基，一面謀民權民氣在正當的軌道上發揚，尤其著重在政黨的建設。認為要促進政治上的演進，政見上的表現，必須有對待的二黨在同一國體之下，各自團結，拿政綱、政見互相切磋，互相砥礪，使人民有從違擇舍的自由和信從。」[42]章太炎所謀求的，是建立一個與同盟會相對等的政黨，以穩健與相容並包而與同盟會共建兩黨制的政黨政治。

40　《聯合會改黨紀事》，1912年3月2日《大共和日報》。
41　章太炎：《統一黨宣言》，《太炎最近文錄》，第127—128頁。
42　張孝若：《南通張季直先生傳記》，第165頁。

4月9日，章太炎被袁世凱禮聘為總統府高等顧問。4月23日，他在袁世凱所派的專使王賡陪同下，乘輪北上，於27日抵達北京。一介書生，完全不了解政壇行為規則，而又偏偏捲入一場場政爭，常常作了別人的工具而不自知。所以，許多人為他惋惜，婉轉地勸告他離開政壇繼續去做自己的學問。

《民立報》便指出：「太炎素賤視政黨議士，至比之幹矢鳥糞，今竟甘為抱糞之蜣螂，而作黨魁，朝曳據於朱門，夕奔走於豪右，不恤宗國之危亡，而惟黨見是爭！」以此，《民立報》對「諸夏衰微，學絕道喪，太炎以四百州僅存之碩果，不務興廢繼絕，而馳驅於京邑」表示深憾，實際上就是期待章太炎脫離政治旋渦而潛心學術。[43]黃宗仰在《大共和日報》上發表了一封給他的公開信，對他說：「先生曩者戢影東海，著書立說，翕合氣類，闡幽發微。洎乎去年返駕滬瀆，組織黨會！先生十數年來，屏謝室家，清操壁立，堅苦卓絕，一意孤行；又嘗精研內典，圓解出世法，期以學之一途熔鑄大同主義，始終皭如也。明星泰斗，天下仰之。……竊以為我國今日如河汾教授之宗、雅典學派之脈，非先生無以樹綿蕝而振鐸當世。」字字句句都是要他珍惜自己昔日的歷史與清名，勸告他及早擺脫袁世凱的政治染缸：「北都軟紅，夙號孳冶。黃海雖濁，尚較專制舊魔窟略可吸收空氣！」[44]

章太炎雄心勃勃地建立了統一黨，力圖以這個黨為基礎，兼借助於袁世凱的政治經驗、軍事實力和臨時大總統的權力，去實現他的

43　秋水：《嗚呼！經學大師》，1912年6月2日《民立報》。
44　《黃宗仰致章太炎先生書》，1912年5月16日—17日《大共和日報》。

「統一全國建設，強固中央政府，促進完美共和政治」的理想。但他的幻夢並沒有延續很久，就被政治現實擊得粉碎。

第一個打擊，是在張謇主持下，統一黨與民社、國民協進會、民國公會等政團合併，組成共和黨，5月9日，在上海張園舉行成立大會，選舉原民社領袖黎元洪為理事長，張謇、章太炎、伍廷芳、那彥圖為理事，由張謇代黎元洪行使理事長職權，章太炎實際上已被排斥於領導中樞之外。正如《中國同盟會雜誌》在一篇文章中所說：「蓋事勢至於彼時，有湖北之民社派與南北各處之官僚派，已足以自樹一幟，再無利用章氏之必要。」[45]張謇在自己的日記中曾感歎：「連接章函電，槎枒特甚，乃知政治家非文章士所得充。」[46]不懂政治手腕，書生氣十足，這當是他們決意撇開章太炎的一個基本原因。章太炎不願意做個傀儡，宣佈辭去共和黨理事之職。6月5日，他在北京主持原統一黨黨員特別大會，決議從共和黨中重新獨立出來，並被推選為統一黨總理。但這時北京本部實際上為王賡所控制，其他地方如山東、江西統一黨支部堅持獨立，與共和黨發展到「以白刃相見」，四川統一黨支部則「與演進、政濟、民社三黨併合」[47]。章太炎終於發現，統一黨也好，共和黨也好，其他黨也好，「若者健穩，若者暴亂，徒有議論形式之殊，及其偕在議院，胡越同舟，無非以善騰口舌為名高，妄擴院權為奉職，奔走運動為真才，斯皆人民之蠹蟲，政治之批秭。長此不息，遊民愈多，國是愈壞。」為此，他斷言：「中國

45　《共和黨小史》，中國同盟會粵支部編輯《中國同盟會雜誌》第六期。
46　《張謇日記》壬子三月二十日（1912年5月6日）。
47　章太炎：《致李伯中書》（1912年8月12日），重慶博物館藏原件。《章太炎政論選集》將此書定為1913年8月12日，誤。

之有政黨害有百端，利無毛末。」[48]並宣佈退出統一黨。時正值內閣總理唐紹儀因與袁世凱不合拂袖出京，各黨紛紛推舉總理，章太炎發表了《內閣進退論》，斷言：「吾意政黨內閣，在今日有百害而無一利；兩黨交構，亦有軋轢之憂。」以此，他倡議「建無黨總理」，說「各部總長雖數黨雜糅也，調和於無黨總理之下，則意見銷而事舉」[49]。9月5日，章太炎出席了孫中山在京舉行的茶話會，在會上發表了演說，要求袁世凱、黎元洪、孫中山三人都超然於所有黨派之外：「鄙意以為袁、黎、孫三公皆無須立黨，行事而當，發言而正，人心助順，是四萬萬人皆其黨，又安用私黨耶？」[50]這一建議正表明，章太炎政治上是如何幼稚，但政黨政治的幻滅，在這裡也充分顯示出來。

7.2 反袁義聲

沙皇俄國早就對中國長城以北廣大領土懷有侵略野心，處心積慮要把這些地方併入俄國版圖。武昌起義爆發後，沙皇政府一手導演了外蒙「獨立」的醜劇，指使一夥分裂分子成立了所謂「大蒙古國」，策動他們竄擾和進犯烏裡雅蘇台、滿洲裡、科布多等地。1912年11月3日簽訂的《俄蒙協約》規定，俄國將支持外蒙傀儡當局「不讓中國軍隊進入蒙古」，剝奪「華人移植蒙境的各項權利」；所附《商務專條》規定，俄國人在蒙古全境享有自由居住、自由往來、租地、買

48　章太炎：《與黎元洪論政黨電》，1912年8月16日《順天時報》；1912年9月1日《大共和日報》。
49　章太炎：《內閣進退論》，1912年6月18日《新紀元報》。
50　《北京迎賓館茶話會紀事》，1912年9月11日《大共和日報》。

地、修建房屋、經營工商礦林漁等業的權利。這是一個陰謀把外蒙從中國分裂出去、變蒙古為沙俄殖民地的條約。10月，章太炎曾赴東北奉天、長春、哈爾濱等處考察，對於那裡「日俄經營，不遺餘力」，而「當事者」卻「顧頇闒茸，熟視而無睹」[51]有強烈的感受。他代表北京報界為「俄蒙協約，喪失國權」，專門上書袁世凱，提出了嚴厲的質詢：「漠北不守，則塞外危。塞外危，則長城以南亦無寧宇。壞地喪失，日蹙百里，其異於前清政府者安在？」[52]他在另一文中，還痛斥當局「棄地千里，秘不示人」，說「政府勸人維護現狀已數月矣，而現狀之破壞，不破壞於人民之奮激，乃政府自以姑息詭秘之策破壞之」。[53]他並指出：「方今蟊賊內訌，所憂非專在蒙古也。以遊宴奔走為能，以秘密運動為美，各部衙門，賄賂公行……循此不變，雖蒙古內順，豈有異清之季世乎？」[54]

正是在這一情況下，章太炎宣導成立所謂「中央革命黨」，宣言「肉食者不去，則不能逮遠謀；害群者不除，則不能固自體」，將矛頭轉向袁世凱政府內部和「舊時君主立憲黨及近時宗社黨人」[55]。後改倡建立「根本改革團」。他在《發起根本改革團意見書》中提出，政治革命的任務尚未完成，必須堅持將政治革命進行下去：「所謂政治革命者，非謂政體形式之變遷，易君主為民主，改專制為立憲也；亦非以今為假共和而欲有所改更也。民之所望在實利，令不在空權；

51　《太炎先生之東三省觀》，1912年11月1日《大共和日報》。
52　《輿論界慷慨激昂》，1912年11月18日《大共和日報》。又11月16日《大共和日報》載消息云：「北京報界以俄蒙協約，上大總統一書，條陳方略，聞系章太炎主稿。」
53　章太炎、張紹曾：《發起根本改革團意見書》，1912年12月1日《大共和日報》。
54　章太炎、張紹曾：《發起根本改革團意見書》，1912年12月1日《大共和日報》。
55　《章太炎憤激之言》，1912年11月22日《大共和日報》。

士之所希在善政，不在徒法。」中國的政治現實表明，形式上雖然從帝制改成了民國，民眾卻未真正獲得實利，善政也並未出現。他責問道：「成蒙古之叛亂者誰乎？受僚吏之賄賂者誰乎？朋黨比周、甕遏才俊者誰乎？伴食岩廊、廢事不治者誰乎？若今之國務員可以倖存，亡國之禍尚將酷於前清之末。」但是，僅僅更換幾個國務總長，並不能使這一嚴酷狀況改變。「若徒易人受事，舊染不除，亦與改組時等耳。」正因為如此，《意見書》斷言：「非舉政治革命，大治貪墨，以正刑書，大選賢良，以持鈞石，鐶首赭衣者遍於閣部，封輻聘幣者逮於細微，不足以懲方來而蕩舊汙。」[56]

章太炎原先一廂情願地加在袁世凱頭上的靈光圈突然消失了，露出的卻是一個赤裸裸的市儈政客的原形。章太炎嘗到了幻滅的痛苦。所以，他提出，要辭去高等顧問的職務，離京南歸。袁世凱不想讓他就此脫離自己的掌心，因他剛遊歷過東北，曾多次建議在東三省趕緊採取有效措施，以謀抵制，便決定任命章氏為東三省籌邊使，但是，藉口「現在外交問題多未解決，若張旗響鼓，遣使籌邊，不免招人疑忌」，講明只發給他委任狀，而不發佈正式委任令。[57]

1913年1月3日，章太炎攜帶一名調查員、一名書記員和一名庶務員赴任。籌邊使署設在長春舊道署衙門，「僚屬財十人耳，既鮮事，經費亦少」[58]。據報載，時袁世凱僅撥開辦費一萬元，每月經費僅二千元，「所有秘書參隨各員之公費，均在其內」[59]。一無人，二無

56　《發起根本改革團意見書》，1912年12月1日《大共和日報》。
57　《章太炎先生籌邊記》，1912年12月24日《大共和日報》。
58　《太炎先生自定年譜》民國二年癸丑。
59　《章太炎先生籌邊記》，1912年12月24日《大共和日報》。

錢，三更無權。東北各省自都督以下各級官吏，從一開始就沒有把這個籌邊使放在眼中，根本不買他的賬。奉天、吉林兩省都督還專門就籌邊使權力範圍一事電詢袁世凱，袁覆電說：「該使不過籌辦邊陲實業，所有一切內政、外交、行政，不在其許可權內。惟該使系由中央委任，應受上級之待遇。」[60]在這種情況下，這位元籌邊使究竟能夠有什麼作為，也就可想而知了。

處境是如此困難，章太炎還掙紮著想有所作為。他不避嚴寒，履冰踏雪，到各處巡視，進行籌畫。他精心擬就一份發展東北經濟的計畫書，建議首先設立一東三省銀行，以解決經營所需的資金困難，增強同到處氾濫的俄國紙幣等等的競爭能力；同時，立即著手開浚遼河，開鑿松花江與遼河之間的運河，以便利東北物產運輸，增強同俄、日控制下的鐵路運輸競爭的能力。他認為：「財用既周，交通既便，一切實業不待官吏為之興辦，而人民自惠然肯來，不待賢智為之提倡，而愚賤亦欣心鼓舞。」各種資本主義實業便可發展起來。他在計畫書中寫道：「炳麟本革命黨人，從前所以出入生死者，只為政令之苛殘，民生之憔悴耳。今者持節臨邊，期償始願。」[61]表明他是認真而嚴肅地對待籌邊事業的。

為了取得袁世凱政治上及財政上的支持，使籌邊不致成為空談，1月27日，他趕回北京，「面謁大總統，痛陳東省官吏之庸碌無能，且到處遇事掣肘各情」[62]。可是，他從袁世凱那裡連口頭的允諾也沒

60　《籌邊使籌備邊事》，1913年1月28日《順天時報》。
61　《東三省籌邊使實業計畫》，1913年2月25—26日《順天時報》。
62　《回京後之章太炎》，1913年1月29日《順天時報》。

有得到。相反，倒有參議員在國會中對任命章太炎為籌邊使的合法性提出了質詢。他們除去指責這一任命未經國會批准外，還指責章太炎在《俄蒙協約》簽訂後，曾歷數政府罪惡，反對中央，以此要求立即取消章太炎的這項任命。[63]章太炎還不死心，二月中旬，又離京趕往長春，並帶去兩名工程技術人員，準備立即著手對擬議中開鑿的運河進行實地測量。他曾刊登了一則啟事，說：「所自愧者，志有餘而權不足，乃無以對二千萬人民也。」[64]表露了他內心真正的苦悶與痛楚。

在這之前，1912年12月，舉行了第一次國會選舉。由同盟會聯合統一共和黨、國民共進會、國民公黨、共和實進會等幾個小黨組成的國民黨在參眾兩院都獲得大勝，取得了遠遠超過其他黨派的多數席位。代理理事長的宋教仁企圖以多數黨的資格出來組閣，建成一個可以與袁世凱進行政治較量的內閣政府。對於袁世凱說來，宋教仁構成了真正的威脅。3月20日晚10時3刻宋教仁在進入上海車站準備乘車北上時，突然遭到狙擊，於22日逝世。23日和24日，兇犯武士英、應夔丞被捕獲，從他們家中抄獲的大量秘密函電表明，這場暗殺案的元兇與謀主正是身為臨時大總統的袁世凱與身為國務總理的趙秉鈞。

隨著宋案真相漸次披露，章太炎意識到革命黨人必須重新聯合起來，並看到了這是完成「政治革命」的真正可靠的力量。面對著「亡國大夫，恣其勢焰，毒痛海內，禍重丘山」的嚴峻情勢，他呼籲共和黨中的「老於革命者」、「革命健兒」同國民黨中的「真革命黨」復交和合。他說：「今欲糾合黨會以謀進取，惟取各黨中革命人材，糾

63　1913年2月12日《順天時報》。
64　《東三省近事零拾》，1913年2月26日《大共和日報》。

合為一，輔以學士清流，介以良吏善賈，則上不失奮厲之精神，下不失健全之體格，而國事庶有瘳矣。」「舍此之外，無可望者。」[65]為了就宋案發生以後的形勢與對策同孫中山、黃興等人進行磋商，章太炎於4月17日從長春趕回上海。

在上海，章太炎傾吐了他一年多政治活動中所得到的最深的感受，他終於認識到了，中國迄今為止政治上最主要的病症就是腐敗專制之病。他稱此為「國病」。他說：「兄弟初見南方革命後秩序未復，頗不謂然。即至北京，又到東三省，觀察種種現象，實異常腐敗，深堪浩歎。蓋北方受了腐敗專制的遺傳病，較諸南方革命的激烈病其流毒更甚。吾輩欲掃除劣政治，產出良政治，非先從醫治國病、剷除專制劣根下手不可。」他還帶著負疚的心情談到：「民國成立，輒曰維持現狀。所謂現狀，亦未說明。據兄弟看來，民國非維持現狀也，乃維持現病耳。若坐視腐敗專制之病常存留中央，則民國共和終成夢想。故今日吾革命黨對於建設民國一問題，當仍以猛進的手段，循文明的步調，急求破壞專制惡根，拼命力爭共和二字，此後方有建設可言。不過主張穩健，與革命時進行稍有不同而已。蓋革命乃大破壞，改革不良政治乃小破壞。各國政治之演進，萬不能不經破壞就能改良的。」[66]民國共和的夢幻，一次又一次，都破滅了。原因何在呢？在這裡，章太炎談出了他的最新感受，也是他的最深感受。這是他從一次次挫折、失敗和幻滅中，從血的教訓中總結出來的。對於這位政治幼稚病的重患者來說，這無疑是非常重要的覺悟。

65　章太炎：《致李伯中書》（1913年4月9日），重慶博物館藏原件。
66　《國民黨歡迎會記》，1913年4月26日《民立報》。

「宋案」究竟應當如何處理？開始時，孫中山要求起兵討袁，「武力解決」；而黃興則主張「法律解決」，憑藉法律，揭露與從政治上孤立、削弱袁世凱。章太炎既不贊成孤注一擲的「武力解決」，也不滿足於徒然遷延時日的「法律解決」。他提出「政治解決」，就是要求以正式大總統選舉為契機，事先進行充分的政治動員，揭露袁世凱統治的種種劣跡與罪惡，造成袁世凱不得不退出候選地位以及不得不下臺的政治形勢，用所謂政治手段結束袁世凱的統治。

　　為此，他首先號召全體國民發揚革命先烈時時以民國前途為念、艱苦卓絕地為民國奮鬥的「真氣」。他說：「今國民真氣似已漸趨淡泊。民國政府本國民人人所能監督者，使行使其正當監督之權，政府何敢橫恣若此？……使國民真氣長此淡泊，則吾將為革命黨追悼，為中華民國追悼！若因追念前人之故，而能團結其真氣，則民國轉禍為福之機在此。惟諸君為之。」[67]

　　為了更為廣泛地動員與團結自身的力量，以實現所謂政治解決的任務，章太炎倡議組織「起義同志共絡會」[68]。他異常沉重地指出：「往者同人逋逃海外，乞食為生，大眾一心，初無傾軋。既而武漢倡義，稍有權利之爭。地位有殊，遂分政黨。條件未異，門戶各分，昔之弟兄，今為仇敵。致令奸人乘間，坐擁高權。……邇者殷頑餘毒，布在朝列，小腆猶存，鴉音未隔。能以堅貞之力次第滷除者，非我光復中夏之舊人，更將誰賴？若能乘此剝橇，危心自屬，塞翁失馬，正轉禍為福之機。……如複晏安酖毒，自相侮嘲，始以口舌之爭，終以

67　《黃花岡新舊淚痕》，1913年4月28日《民立報》。
68　《願得安石，以慰蒼生》，1913年5月20日《順天時報》。

戈矛之伐，賢材既盡，民望無歸，我同志亡，中國亦喪矣。」[69]章太炎自稱這是「告哀」之詞，充分顯示了他是如何出自真誠而又如何急切。

為了先行翦除袁世凱的羽翼，章太炎公開致書袁世凱，直斥總統府秘書長梁士詒、參謀本部次長陳宧及袁氏另一親信段芝貴同國務總理趙秉鈞為「四凶」，要求袁世凱立即將他們斥退。理由是佞人不去，不僅宋案難以了結，其他政治問題更無解決的希望。書中警告袁氏：「四凶不去，雖以唐堯之能，天祿於是永終。」[70]袁氏覆函章氏，進行狡辯，說梁士詒等從政未能使人滿意，乃是由於「約法之縛人」。章太炎立即去電駁斥，指出：「宵人作慝，實在公府近昵之中。此皆簡在方寸，豈約法所能持？欲推誠人才，而梁士詒壅之；欲保全元勳，而陳宧賊之；欲倚任夾輔，而段芝貴亂之。此三凶者，把持重地，熒惑主心，投諸四裔猶懼為禍，況日與聚謀耶？至如趙秉鈞之妄用僉壬，變生不意，猶不過奉令承教者耳。」據此，他勸袁世凱不要「委咎約法之苛」，而切切實實地採取一些行動，「亟屏元兇，以饜人望」[71]。他的這些函電，當時特別引人注目，因為人們都知道，袁世凱正倚這些兇神惡煞為左右手，而他們也正是在袁世凱的庇護之下方能為禍全國。所以，「四凶」一詞，立即不脛而走，被人們廣泛引用。

章太炎除去要求亟屏四凶外，在滬還同蔣智由、沈定一等發起組

69　章太炎：《與上海國民黨函》，《民國經世文編》政治三，第71頁。
70　章太炎：《致袁總統書》，1913年5月9日《順天時報》。
71　《看袁世凱能去四凶否》，1913年5月14日《民立報》。

織弭禍會，發佈公啟說：「為保全大局，力求和平，惟有求大總統退位，並矢言不再任總統。……舍此以外，別無弭禍之方，濟變之術。」[72]為了將袁世凱逼下臺，他還繼續宋教仁生前定下的謀略，努力推出黎元洪為正式大總統的候選人。為此，他從上海專程趕到武漢，對黎進行遊說。在5月13日國民黨武漢支部召開的歡迎大會上，他還公開宣揚：「正式總統，急需遴選也。今時有聲望者，首推黎氏。況為人長厚，使能馳驅軌範，允可作共和國總統。」而對於袁世凱，他則以不屑一顧的口氣說：「政府違法（宋案、借款），大失民望，總統一席，無人舉他。」[73]

5月26日，袁世凱與英、法、德、俄、日五國銀行團簽訂了二千五百萬英鎊「善後大借款」協定，隨即便派兵南下，對南方國民黨的幾個都督直接施加軍事壓力。章太炎寄希望於黎元洪，這位最善於明哲保身的副總統卻首鼠兩端，反過來將了他一軍，對他說：「君且入都視之。其人苟可諫，安用更置？必不可諫，如君等計耳。」[74]章太炎離開漢口，於5月28日再次到北京。一到北京，章太炎便不停地接見各報記者，以縱談時局為名，痛斥「政府黨之報紙對於孫、黃及國民黨恰如仇敵，如蛇蠍，將種種之事，捏造成文，或曰逆賊，或曰暴民，顛倒是非，毫無正鵠」[75]。談到袁世凱派兵南下一事時，他指出：「此時若以兵力勝負比較，北方一定可以戰勝，但恐民氣難抑，最後之勝負即不可知矣，人民糜爛亦不堪設想矣。」[76]

72　《中華民國史資料叢稿・大事記》第二輯，第47頁。
73　《願得安石，以慰蒼生》，1913年5月20日《順天時報》。
74　《太炎先生自定年譜》民國二年。
75　《章太炎之時局談》，1913年6月2日《順天時報》，又見6月9日《大共和日報》。
76　《章太炎一席時局談》，1913年6月3日《順天時報》，6月4日《民立報》。

在總統府中，他與袁世凱唇槍舌戰，針鋒相對地進行了一場爭論。袁說：「報紙傳克強欲舉兵，稱為遁初復仇，何誣謬如是？」章太炎立即回擊說：「南方報紙亦傳公將稱帝。道聽塗說，南北一也。」袁世凱馬上辯解，說自己並不敢實行帝制；章太炎便毫不客氣地指出：「夫非能安內攘外者，妄而稱帝，適以覆其宗族，前史所載則然矣。法之拿破崙，雄略冠世，克戡大敵，是以國人樂推。今中國積弱，俄、日橫於東北，誠能戰勝一國，則大號自歸，民間焉有異議？特患公無稱帝之能耳。」一席話，說得袁世凱默然無語。[77]

北京之行，章太炎不僅看到了「四凶不去，終無寧日」，更看到了袁世凱本人「於革命黨人無不忮忌，非遷就即能倖免也」[78]。袁世凱的宗旨已定，這就是「寧可以民國贈與朋友，不願以民國交與家人」[79]。想憑口舌勸得袁世凱回心轉意，顯然不可能。他在北京只待了7天，6月4日便毅然南返。在國民黨交通部召開的茶話會上，他帶著痛悔的心情說：

兄弟亦主張革命之一分子。當南北統一時，深恐革命派以從前急進主義演種種激烈手段，或妨害國勢之進步，曾隨時自加監督，忠告民黨同志。而一年以來，從各方面觀察，又將民國人物一一比較，覺吾民黨終算是有良心的，自始至終尚不違背國利民福四字。所最堪歎息者：（一）民黨當日不應退步，遺留腐敗官僚之根株；（二）民黨不應互相猜忌，爭先利用不良政府，使彼得乘機利用政黨。此民黨失

77　《太炎先生自定年譜》民國二年。
78　章太炎：《致李伯中書》（1913年6月13日），重慶博物館藏原件。
79　《國民黨交通部茶話會紀事》，1913年6月11日《民立報》。

敗之總因。今日追悔亦屬無益，就民黨一方面說，惟有化除意見，聯合各省起義同志為一氣，合力監督政府，終有政治改良之一日。[80]

武昌起義後，自己急於求成，擔心過分激進會把已經宣佈贊成共和的立憲黨人、舊官僚嚇跑，為了聯合、統一，不惜使革命中途停頓下來，甚至想用「革命軍起，革命黨消」和對袁世凱的支援來顯示自己的仁厚、寬容和大度。結果呢？革命隊伍自身亂了陣腳，紛爭不已，而舊軍閥、舊官僚、立憲黨人的勢力卻沒有受到應有的打擊，他們剛剛從慌亂中鎮定下來，便氣勢洶洶地向革命軍揮刀砍過來了。這是何等沉痛的教訓啊！回頭看看自己的覆轍，他痛悔交加。因此，回到上海以後，他便同孫中山、黃興等人一道為推進反袁鬥爭而籌畫。6月18日又致電袁世凱及國務院，宣佈辭去東三省籌邊使職務。

就在章太炎辭去東三省籌邊使職務前後，袁世凱已經作好了發動內戰的全面部署，並挑釁地於6月9日、14日和30日，分別罷免了國民黨人李烈鈞、胡漢民、柏文蔚的江西、廣東、安徽都督的職務。孫中山等人已無可退卻，被迫應戰。7月12日，李烈鈞在江西興師討袁，開始了所謂「二次革命」。討袁戰爭轉瞬之間便以失敗而告終。7月29日黃興在南京乘上日輪，經上海、香港前往日本；8月2日孫中山也乘輪離滬，經福州、基隆去日本；許多革命者同他們一起，重新開始了流亡生活。而章太炎，這時則決定頂著袁氏兇焰再次入都。他解釋自己作出這一決定的原因說：「余念袁氏網羅周布，無所逃死，中國已光復，而猶亡命，所不為也。會共和黨人急電促余入都，稱國

80　《國民黨交通部茶話會紀事》，1913年6月11日《民立報》。

民、共和二黨懲於舊釁，欲複合。余念京師、上海皆不能避袁氏兇焰，8月，冒危入京師。」[81]這是想依靠共和黨與國民黨的聯合行動，利用國會制定憲法及選舉總統的機會再作一搏，企圖以此推倒袁世凱統治。他在給弟子的信中說：「頃已買航直赴京津。要與諸志士同處患難，為中夏留一線光明。項城甚欲購拿革命舊人，電已通布，吾輩亦不畏也。」[82]

8月11日，章太炎抵達北京，住進化石橋共和黨本部。這是由原統一黨和原民社一批成員組建的新共和黨。袁世凱及其黨羽們立即派出四名巡警，以「保護」為名，對章氏出入行動日夜嚴密監視。

章太炎來京本想集合共和黨與國民黨的力量，利用國會，就制憲與總統選舉兩大題目，同袁世凱作背水一戰。他到京一看共和黨也好，國民黨也好，都完全不是如他原來所估計的那樣堅強有力。他評論共和黨：「勢雖擴張，楚材尚勁，吳、蜀諸賢，則不免失於仁柔。徒謂形式憲法可以制佞人之死命，亦大迂矣。」評論國民黨：「其間不無奇材烈士，而不能率循常軌，處患難則有旋轉乾坤之能，遇安樂則有同流合污之病」，「非窮無立錐，終無大用」[83]。他發現：「若為久遠計，凡一政黨，非有實業為中堅，即有俠士為後應，無此即不足以自樹。非實業則費用不給，而政府得以利用之矣；非俠士則氣勢不壯，而政府得以威喝之矣。國民黨有其一，無其二，共和黨則逾不逮，後憂正不知何底也！」[84]這時，袁世凱下令逮捕了八名國民黨議

81　《太炎先生自定年譜》民國二年。
82　章太炎：《致李伯中書》（1913年8月5日），重慶博物館藏原件。
83　章太炎：《致李伯中書》（1913年8月20日），重慶博物館藏原件。
84　章太炎：《致李伯中書》（1913年8月27日），重慶博物館藏原件。

員，加緊對持有異議的國民黨與共和黨議員進行威脅。章太炎對形勢急轉直下焦慮萬分：「北方政黨情形，氣已蕭索，國會徒存形式，莫能自立。蓋迫於軍警之威，救死不暇，何論國事？前所逮捕議員，近聞已槍斃五人。神龍作醢，靈龜刳腸，籲，實吾生所未見也！不佞留滯燕都，心如鼎沸。」[85]

10月6日，袁世凱派便衣軍警數千人包圍國會，強迫議員選舉他為正式大總統。11月4日，袁世凱更明目張膽地下令解散了國民黨，取消全部國民黨人的議員資格。在袁世凱所派巡警、憲兵的嚴密監視下，章太炎閉居一室，隻身孤影，燃著憤火，卻「一切政論無由發舒」[86]。

這時，與袁世凱反對民國、反對共和的篡國勾當密切配合，成立了「孔教會」、「孔道會」、「宗聖會」、「昌明禮教社」等一大批團體，他們紛紛要求在憲法中明確地「定孔教為國教」。章太炎敏銳地察覺到，在這類論調與要求之後，潛藏著居心險惡的政治陰謀。他在家書中談到這股思潮時寫道：「近又有人欲以孔教為國教，其名似順，其心乃別有主張，吾甚非之。」[87]為了給這股思潮以迎頭痛擊，他在袁家憲警虎視眈眈的監視下，寫出了《駁建立孔教議》一篇長文，發表於1913年9月25及26日《順天時報》。

文章劈頭就說：「近世有倡孔教會者，余竊訾其怪妄。宗教至鄙，有太古愚民行之而後終已不廢者，徒以拂俗難行，非故葆愛嚴重

85　章太炎：《致湯夫人書》（1913年9月18日），見《章太炎先生家書》。
86　章太炎：《致湯夫人書》（1913年9月14日），見《章太炎先生家書》。
87　章太炎：《致湯夫人書》（1913年9月14日），見《章太炎先生家書》。

之也。」就中國而言，素來便無所謂國教，「蓋自伏羲、炎、黃，事多隱怪，而偏為後世稱頌者，無過田漁衣裳諸業。國民常性，所察在政事日用，所務在工商耕稼，志盡於有生，語絕於無驗。人思自尊，而不欲守死事神以為真宰，此華夏之民所以為達。視彼佞諛上帝、拜謁法皇，舉全國而宗事一尊，且著之典常者，其智愚相去遠矣。」立孔教為國教，正是從文明倒退到愚昧去！

文章對孔子作了比之《訂孔》與《論諸子學》為高的評價，說：「孔子所以為中國鬥杓者，在制歷史、布文籍、振學術、平階級而已。」文章認為，鼓吹建立孔教者，其實並不了解孔子的真正價值與真實的歷史地位。而一旦將孔學神化、宗教化，那就恰好歪曲了孔子的本來形象，並且，必定要在政治上產生嚴重的後果。漢代的歷史便是鮮明的例證。文章指出，漢代自從由「伏生開其源，董仲舒衍其流」，企圖將儒學宗教化，特別是董仲舒，「以經典為巫師預記之流，而更曲傅《春秋》，云為漢氏制法，以媚人主，而棼政紀」，致使「讖緯蜂起，怪說布彰，曾不須臾而巫蠱之禍作」，其後，更發展為「或以天變災異，宰相賜死，親藩廢黜，巫道亂法，鬼事干政」。前車之覆，後車之鑒，可悲的正是「今之倡孔教者，又規摹仲舒而為之矣」！

12月9日，章太炎在共和黨黨部會議廳國學會開講詞中，針對袁世凱指使「憲法委員會」正式提出「以孔教為國教」提案一事，再次公開駁斥了建立孔教的主張。章太炎毫不含糊地聲明：「邇者有人建立孔教，余嘗為《駁議》一首，幸不為智士棄捐。彼昏不知，猶欲揚其餘滓，定為國教，著之憲章。雖見排於議會，其盜言邪說未已，猶

不得不拒塞之。」在這一開講詞中，除繼續說明將孔學宗教化的危害外，章太炎還特別說明：「孔教之稱，始妄人康有為，實今文經師之流毒。劉逢祿、宋翔鳳之倫，號於通經致用，所謂《春秋》斷獄，《禹貢》治河，三百五篇當諫書者，則彼之三寶也。大言誇世，……推其用意，必以歷史記載為不足信，社會習慣為不足循，然後可以吐言為經，口含天憲。」而當前，佟言孔教，則不僅「於光復事狀，既欲派其實錄」，而且必定發展到「冕旒郊天，龍袞備物，民國所必不當行者，亦可借名聖教，悍然言之」。

這篇開講詞，還專門駁斥了孔教可以拯救道德的濫言，明確指出：「夫欲存中國之學術者，百家俱在，當分其餘品，成其統緒，宏其疑昧，以易簡禦紛糅，足以日進不已。孔子本不專一家，亦何必牢執而不舍哉？欲以救道德之淪喪者，典言高行，散在泉書，則而效之，躬行君子，亦足以為萬民表儀矣。若以宗教導人，雖無他害，猶勸人作偽耳。」[88]

這次國學會講學，是他的學生以為自己的老師「窮愁抑鬱，既以傷生，縱酒漫罵，尤非長局」，商妥舉辦的。「報名聽講者逕至，袁氏私人受命來監察者，亦廁講筵。講授科目為經學、史學、玄學、小學，每科編講義。」[89]顧頡剛、毛子水、金毓黻等人都是這一次前來聽講受教的。今存金毓黻《國學會聽講日記》[90]表明，章太炎在講課時，始終未忘揭露和抨擊建立孔教的種種謬說。章太炎在講詞中，還

88　章太炎：《國學會開講辭》，抄件。
89　吳讜林：《太炎先生言行軼錄》，《制言》第二十五期。
90　金毓黻：《國學會聽講日記》，《東北叢刊》第七期。

特別提醒人們注意愚民正是為了專制，而專制必定愚民。他說：「老聃之言曰：『古之善為道者，非以明民，將以愚之。』斯言乃可謂洞見專制之真相矣。何以知之？老聃嘗言：『知此兩者亦稽式。』稽者，稽察也；式者，試驗也。稽查兩方之情形，而灼知其故，則專制之威不得逞，愚民之術不得施。老氏之言，所以揭示專制之真相。其所稽者至精，而所試者亦至巧矣。後儒謂老聃以愚民政策導人君，非真知老子者矣。」

在軟禁之中，章太炎悲憂交集，無可解慰。他多次萌念，欲以一死對袁世凱及整個腐敗專制勢力表示自己的不屈與抗爭。10月初，他說：「都中豺狼之窟，既陷於此，欲出則難，縱軀委命，無此耐心，故輒憒憒，圖自決耳。」[91]他居住於共和黨本部右院斗室中，「談話既窮，乃狂飲，醉則怒罵，甚或於窗壁遍書袁賊字以洩憤。或掘樹起，書袁賊無數紙，埋而焚之，大呼曰：『袁賊燒死矣』」[92]。11月，他徑直寫信正告袁世凱：四萬萬人所目睹者，好言美賄終不能蔽，「防民之口，甚於防川」。信中表示：「欲出居青島，以反初服，而養屙疾。」「若大總統猶以為恨，未能相釋，雖仰藥系組，以從大命，勢亦足以兩解。」[93]

袁世凱政府羈縻章氏，由趙秉鈞等人出面試探，要章太炎出任國史館總裁，重新擔任總統府顧問，或由章氏負責籌設「弘文館」。11月25日，他便給袁世凱寫去第二封信，尖銳地揭露了這些建議的實

91　章太炎：《致湯夫人書》（1913年10月2日），見《章太炎先生家書》。
92　吳藹林：《太炎先生言行軼錄》，《制言》第二十五期。
93　章太炎：《與袁總統書》，1913年11月9日《順天時報》。

質，對袁作了辛辣的嘲諷。信中寫道：

大總統羈之不舍，即使趙秉鈞以國史相餌，又欲別為置頓。炳麟以深山大澤之夫，天性不能為人門客。游於孫公者，舊交也；遊於公者，初交也。既而食客千人，珠履相耀，炳麟之愚，豈能與雞鳴狗盜從事耶？史館之職，蓋以直筆繩人，既為群倫所不便。方今上無奸雄，下無大佞，都邑之內，攘攘者穿窬摸金皆是也，縱作史官，亦倡優之數耳。竊聞史遷、陳壽之能謗議，而後世樂於覽觀者，以述漢、魏二武之事也。不幸遇朱全忠、石敬瑭，雖以歐陽公之歎息，欲何觀焉？今大總統神聖文武，咸五登三，簪筆而頌功德者，蓋以千億，亦安賴於一人乎？[94]

這裡，章太炎直斥袁世凱周圍珠履相耀者，其實皆雞鳴狗盜、穿窬摸金之徒，而袁世凱本人，也只不過是朱全忠、石敬瑭一類賣國小丑，他堅定地表示絕不同他們同流合污，更不會去充當他們的倡優。

章太炎在信中再次堅持出京，並正告袁世凱：「若縶維一人以為功，委棄文化以為武，鳳翱翔於千仞，覽德輝而下之，炳麟其何愧之有？設有不幸，投諸濁流，所甘心也。」

章太炎一次次企圖自行出京，都被軍警所阻。他決心「以死拒之」[95]，1914年1月7日，他以勳章作扇墜，隻身來到總統府新華門，

94　章太炎：《與袁總統書》，見《民權素》第二集；又見劉成禺《洪憲紀事詩本事簿注》卷二。

95　章太炎：《與湯夫人書》（1914年1月12日），見《章太炎先生家書》。

要求面見袁世凱。袁世凱令總統府秘書長梁士詒、國務總理熊希齡等出面虛與委蛇，章太炎大罵袁世凱包藏禍心，並將接待室內器物擊毀幾盡。袁世凱也撕去優待學者的假面，下令由軍警將章太炎押往石虎胡同軍事教練處拘禁起來。不久，他又被轉到南下窪龍泉寺，被無限期地長久監禁。

7.3　《檢論》修治

就在章太炎被關押進石虎胡同及龍泉寺這段時間中，袁世凱加緊背叛民國，恢復專制獨裁制度。1914年1月10日，袁世凱悍然下令停止參、眾兩院所有議員職務，解散國會。2月28日，袁世凱又下令解散各省議會。為了進一步加強特務員警恐怖統治，3月，袁世凱命令設立肅政廳。5月1日，袁世凱宣佈廢除《臨時約法》，而代之以他授意炮製的「御用約法」；同一天，他又下令撤銷國務院，以總統制取代責任內閣制，在總統府內設政事堂作為辦事機構，並任命清朝大官僚徐世昌為國務卿，使政治權力進一步集中到他自己手裡。

章太炎痛心地注視著這一切，「百念俱灰」，「惟以數冊破書消遣」[96]。「幽居數月，隱憂少寐。」[97]5月23日，他給女婿龔寶銓寫去一信，說：「僕遭圍守者五月，幽居又五月矣。不欲以五殺釁身，遭值窮匿，遂將槁餓，亦所願耳。」他所深引為憾的，是「懷抱學術，教思無窮，其志不盡」。他在信中總結自己的學術成就時說：「所著

96　章太炎：《致湯夫人書》（1914年4月9日），見《章太炎先生家書》。
97　章太炎：《致湯夫人書》（1914年5月23日），見《章太炎先生家書》。

數種，獨《齊物論釋》、《文始》，千六百年未有等匹。《國故論衡》、《新方言》、《小學答問》三種，先正複生，非不能為也。」但是，這些俱已屬於過去；深為憤疾的，是還有一些著作來不及寫出了。「雖從政、蒙難之時，略有燕閒，未嘗不多所會悟，所欲著之竹帛者，蓋尚有三四種。是不可得，則遺恨於千年矣！」[98]6月6日（一說7日）起，章太炎開始絕食。這次絕食持續了七八天。「其時弟子們環籲床前，請進食，先生始嘗梨一片。」[99]他的舊友黃節、馬敍倫為此分別致函政治會議議長李經羲，請他出面要求袁世凱恢復章太炎的自由。袁世凱不願蒙「逼死國學大師」之咎，命令吳炳湘派其親信內城官醫院院長徐延祚以治病為名，提出一份「章太炎病情診斷書」，以此為臺階，6月16日，將章太炎移至東四牌樓本司胡同鐵如意軒醫院，表面上撤去監視的員警，實際上由徐延祚負責監督。直到這時，章太炎方才復食。7月24日，經黎元洪、錢恂等再三活動，章太炎遷入東四牌樓錢糧胡同一家民房。巡警總監吳炳湘以巡警充閽人，稽察出入，章太炎往來書簡都要交總廳檢視，賓客只有獲得總廳所發證件者方可前來探視。然而，在這裡，章太炎畢竟有了一些讀書寫作的自由，特別是他的一批學生黃侃、馬裕藻、錢玄同、吳承仕、周樹人、朱希祖、許壽裳等獲准可以經常前來看望他，同他一道論學，使他鬱悶稍解。他於是取出《訄書》，增刪為《檢論》九卷。

1910年在東京時，他在講學、著述及重建光復會之外，對於《訄

---

98 章太炎：《與龔未生書》（1914年5月23日），溫州圖書館《章太炎書簡》抄本第三冊。
99 許壽裳：《章炳麟》，第66頁。

書》已「多所修治」[100]。今存《訄書》改削稿本[101]，留下了他這一次修治的設想與成果。這一稿本，是以共和二千七百四十七年秋九月東京鉛印再版本為底本，在上面直接增刪改定而成。全目經增刪，除去原來大部分保留外，準備新增《原經》、《六詩說》、《小正大正說》、《八卦釋名》、《孝經說》、《原道》（上、中、下）、《原法》、《原名》、《原五家》、《正見》、《徵信》、《秦獻》、《第七十子》、《思鄉願》、《告浙江人》、《五術》、《說刑名》、《五朝法》、《代議然否論》、《告王鶴鳴》、《國風》、《佹詩》、《傷徐錫麟》、《告劉光漢》、《志六國》、《告劉揆一》等篇。

從這一目錄可以看出，修治本保持了《訄書》原先的體系。修治本所收的《原學》，題目同《訄書》原刻本，內容則改為後來收入《國故論衡》的《原學篇》。修治本所收《原儒》、《原經》、《原道》、《原名》，後來也收入《國故論衡》。《原五家》當即《辨性》，評介告子、孟子、荀子、楊子、漆雕開等五家的人性學說。《正見》則為《國故論衡》中的《明見》篇。《國故論衡》作為一部專門著作出版於1910年5月，《訄書》修治本將其中卷中、卷下相當一部分（包括《佹詩》，即《國故論衡》中的《辨詩》）收入，說明是時《國故論衡》尚未出版，甚至還未計畫輯為專書。於此亦可知，《訄書》這一次修治當在1910年春。

與原書相較，修治本新增的有《原儒》、《原經》等二十七篇；刪去的有《儒道》、《族制》、《公言》、《弭兵難》四篇；篇題未改，

---

100 《太炎先生自定年譜》宣統二年庚戌。
101 今存北京圖書館。

內容更新或作了重大修改的有《訂孔》、《學變》、《清儒》、《訂文》所附《正名雜義》、《官統下》（改用《官制索隱》一文內容）、《爭教下》等篇；篇題更改，內容改動不很大的有《原墨》（原《儒墨》）、《原法》（原《儒法》）、《原名》（原《儒兵》）、《通讖下》（原《訂實知》）、《五術》（原《官統下》）、《譴虛惠》（原《不加賦難》）等篇。

從修治本的目錄與修治的情況可以看出，這是一個未完成的稿本。作者不久顯然就改變了原來的計畫，將《原學》、《原經》、《原儒》、《原道》、《原名》、《原五家》、《正見》、《佹詩》等篇抽出，與其他一些論著編為《國故論衡》。緊接著，他又投入了《文始》與《齊物論釋》兩部著作的寫作，《訄書》的修治也就停了下來。

武昌起義以來，南北倥傯，《訄書》修治稿本也就一直置於篋中。遷入錢糧胡同以來，心情稍許平靜，他想到應當完成的第一項任務，便是將擱置已久的《訄書》修治工作繼續下去。

從8月開始，章太炎就一再催促龔寶銓儘快從他上海書箱中找出《訄書》改削稿本，帶到北京，以便重加磨琢，再施筆墨。

在那「黃沙蔽高岑，浮雲暗白日，蕩蕩天門開，輿金相過軼，慘慘棘林下，降虜操刀筆」[102]的日子裡，章太炎開始對《訄書》再次進行修訂。12月下旬，因為與章氏同住的黃侃突然被員警強制遷走，章氏弟子及一些友人前來探訪一再受阻，章太炎憤恚極甚，再次絕食，

102　章太炎：《秋夕詠懷》（1914年10月4日），《太炎文錄初編》卷二。

《訄書》修治一度停頓。經他的弟子再三勸解,特別是他的好友馬敘倫的誘導,加上他所鍾愛的三女兒章㶓(展)到京看望,吳炳湘答應解除對章氏門人及友朋入訪者的若干限制,章太炎方才勉強恢復飲食。《訄書》的修治工作亦得以繼續進行。

從這次修訂工作一開始,他就發現,繼續保持《訄書》原先的體系將容納不了他所預定的各方面內容。1910年春天增補的許多文章,現在有的已收入《國故論衡》,有的收入專門的文錄則更為適合。至於當時所作的許多修改,有的仍然應當堅持,有的則需要進一步斟酌。於是,他一邊撰寫了一批新的論文,一邊對原修治本重新進行了審定。被全部刪去的有《原學》、《通讖》、《封禪》、《冥契》、《訂實知》等篇,改變題目或增刪內容的有《訂孔》、《原法》、《儒俠》、《原兵》、《平等難》(改名《商平》)等篇。這些篇,他或者在原書上修訂後請人謄錄,或者讓人先行謄清,他再作修改。這也就是今存修治本原稿上留有不同於1910年春修治計畫的痕跡,以及若干記述武昌起義後心得體會的文字的緣故。

章太炎將所增訂保留的舊文及新撰寫的各文重新編次,按內容分成九卷,並將書名更易為《檢論》,於1915年四五月間殺青。[103]

《釋名·釋書契》:「檢,禁也。禁閉諸物使不得開露也。」《檢論》取名,顯然就是根據這個意思。這是一部身在幽囚之中的著作,這是一部所有政見時論都被禁止發抒時的著作,這是一部袁世凱專制統治

---

103 章太炎1915年4月24日《致朱逖先書》(原件)云:「刻《國故論衡》改訂已了,正可鈔寫;《檢論》亦在改訂,正可謄鈔。」時康寶忠正在以上海右文社名義趕印《章氏叢書》,準備於6月出版,章太炎為此亦加緊了《檢論》的定稿工作。

的淫威之下產生的著作。章太炎深明環境的險惡，所以，在這部著作中盡可能地寫下他在學術上的新見解，特別是經過痛定思痛的沉思，他對辛亥革命成果被篡奪、中華民國被糟蹋所作的總結。

《檢論》正文六十篇，附錄七篇。卷一《原人》、《序種姓》、《原變》，專論人類和中華民族的起源。卷二《易論》、《尚書故言》、《六詩說》、《關雎故言》、《詩終始論》、《禮隆殺論》、《辨樂》、《春秋故言》、《尊史》、《徵七略》共十篇，其中七篇俱新增，另三篇較《訄書》略有改動。這一組文章，專論「六藝」本旨，堅持夷經於史。卷三《訂孔》、《道本》、《道微》、《原墨》、《原法》、《儒俠》、《本兵》、《學變》，大半亦重新寫定，《訂孔》、《原法》、《儒俠》，非但不同於《訄書》，亦不同於1910年修治本改稿。這一組文章，專論周、秦、兩漢諸子學說。卷四《案唐》、《通程》、《議王》、《許二魏湯李別錄》、《哀焚書》、《正顏》、《清儒》、《學隱》，大多為舊稿，改動多少不一，分別論述了唐、宋以來思想學術的變遷。卷五至卷八，除《正議》、《對二宋》為新增外，其他各篇多據《訄書》舊作改定，分別論述了近代民族語言文字、共同心理狀態、法律、行政、經濟建設等方面的問題。卷九包括《非所宜言》、《商鞅》、《思葛》、《伸垣》、《小過》、《大過》、《近思》七篇，除《商鞅》為《訄書》舊稿，稍有改動，《思葛》系據《正葛》增補外，其他五篇，全屬新撰。在這些篇章中，章太炎回顧了辛亥革命以來政治形勢演變的歷程，對革命失敗的經驗教訓作了有相當深度的總結。

《檢論》並非遁世消極頹唐之作。書中以大量篇幅深刻揭露了袁世凱帝制自為的野心，猛烈抨擊了袁世凱腐朽黑暗的專制統治。無論

是新撰寫的許多文章，還是對舊文所作的修改，都具有鮮明的針對性。

在新撰寫的《大過》、《非所宜言》等文中，章太炎對袁世凱的暴虐統治給國家帶來的嚴重危害作了充分的估計。他指出：「夫忮心成於內，而奸訽橫於外，暴察亟行，死亡無日，則人人不為卒歲之計，逮乎民心騷離，鄰國責言，國之存亡，中人不能保以五稔。」[104]他憤慨地指出：「今處朝位而自盜其所監守，公取其所羨餘，詐令蠲出，誓言不信，裨販之庸猶不為也。或乃羡人樂輸，陰相劫制，虛作紙幣，高下其直。曲法以弛蒱博，而官收其贏；稱貸外國，而己挹取其利；譸言以興農工水利，集人之資，而己以高位專制之；苟朝士尚守市井之行，其蠹猶不如是甚也。」為害比之尤烈的，是那些「亡國所遺從政之士」，這是一些「鬥筲之才」，「其志固未有善敗利害也，媮在昫息，不恤壺漏。傾移以後，苟可以乾沒者，雖亡邦邑，他日願為敵國儔侶而已矣。非徒不恤其國也，雖身亦自外之」[105]。針對袁世凱黨羽所製造出來的袁世凱不是依靠革命上臺，而是實際借助「禪讓」從清廷手中接過國家權力的種種奇談怪論，章太炎專門寫了《正議》一文，詳細考察了「禪讓」的歷史淵源及其不同歷史條件下的不同本質，然後作出結論說：「乃夫晚世所謂禪讓者，猶兩寇相襲也。黜其魁帥，而任其小媮，其賊民亂化則如故。故諸所共政者，皆前代竊位敗政逋臧之余，飛廉、惡來之亞也。校課贏絀，與舊朝未有以相勝。」[106]而這一結論，也正是章太炎對袁世凱政府所作的估計。基於

104　章太炎：《大過》，《檢論》卷九，第21頁。
105　章太炎：《非所宜言》，《檢論》卷九，第1—2頁。
106　章太炎：《正議》，《檢論》卷六，第6頁。

此，章太炎斷言：「循今之俗，前世所謂土崩瓦解者尚不可以幸致也，直如魚爛而已矣。」[107]

章太炎痛切地感到，舊社會遺留下來的各種腐敗專制勢力，盤根錯節，充斥於國中，一步步重新把持了國家政權，這正是問題癥結之所在。回顧武昌起義以來革命發展的歷程，他認識到，正是由於勝利來得過分容易，人們忽略了給舊社會種種腐敗專制勢力以毀滅性打擊的任務，使「革命改制」大業半途而廢，方才導致如此嚴重的後果。就此，他寫道：

> 事孰有大於革命改制？前世之創業者，或連兵一紀，死人多於梟蕉，直其罷極，而後收之，其舊朝貪人惡吏未有不誅也。今倡義不過四月，天步遂夷，而致屆不及墨吏。人民見其成功之易，其他小事，謂愈可以僥倖得之。墨吏以曩日不系主刑誅，以為貪殘不足以喪望實……其侮事愈得又宜也。[108]

先前，他曾經天真地以為那些舊軍閥、舊官僚、舊立憲黨人一個跟鬥就可以翻成革命黨，慘痛的事實使他覺悟到，自己完全錯了。在對待這些人問題上，採取「僥倖」即機會主義的態度，就不能不受到歷史的懲罰。這是痛苦的教訓，也是嚴酷的現實。就此，他寫道：

> 廢興之際，玉步可改，裳服可變也。其故吏親媚者，天性狃為附

107　章太炎：《大過》，《檢論》卷九，第21頁。
108　章太炎：《大過》，《檢論》卷九，第20頁。

庸小腆，染於亡國舊汙，而不與玉步裳服偕亡。不剛制則不去。所以說其主者萬嵩，非為惠中國、扞四裔也。外侮於強敵，而內猶劫持其民，多為牙以自保，固民以失職，莫申其性。[109]

正是基於這樣的認識，章太炎在全部重新寫過的《儒俠》一文中，特別頌揚了先秦時代的俠士盜蹠，讚許他「聚齊氓以九千人，橫行天下，所過大國守城，小國入保，故君位可替，而軍實可夷。事緒未成，死猶欲與六王五伯決于地下，是申伯夷之志者」，並具體分析說：「是時臧孫為政，國祀爰居，家寶元龜，營於禨祥，以假威寵，非蹠莫能破其神道誕妄；《魯頌》之篇，以揚僖公，非蹠無以彈其淫名；姜織蒲而民利奪，六關置而行旅梗，非蹠則不均平通達也。此皆為害細微，而智者因以感激。」盜蹠是數千年的歷史人物，請出他的亡靈，正是希望能走盜蹠的道路，去掃蕩舊社會留下的那種種腐敗專制勢力。為此，《儒俠》篇特別強調：「見微以知著，依今以知始終，其道甚大。」[110]章太炎已經意識到，袁世凱一夥的猖獗，正是由於革命的不徹底，沒有給他們以有力的掃蕩，反讓他們披上一件革命外衣，鑽到新的民國共和政權中來為所欲為。

民國為袁世凱所篡奪，共和為袁世凱所破壞，也暴露了革命黨人自身的弱點與問題。《檢論》對此也作了總結。清朝末年，宣導革命者就人數而言並不算多，然而，他們「雖明暗殊情，狂狷異行，皆能

109　章太炎：《近思》，《檢論》卷九，第23頁。
110　章太炎：《儒俠》，《檢論》卷三，第17—18頁。紹興大通學堂徐錫麟紀念室陳列有章太炎1915年9月底所書對聯一副：「書告舊友伯蓀烈士亦問社中諸友：殷頑殊未盡，此日不再來。」表達了與此相同的意思。

艱難其身，以為表儀，蒙霜露，涉波濤，乞食囚縶而不慍悔」，加上「清政不綱，喪師蹴地」，致使「士民感慕，趣義日廣，覆清之聲，洋溢中外」。武昌起義之初，就軍事力量而言，南軍並非北軍之敵，然而，革命者還是奠定了勝利的基礎，原因何在呢？《檢論》的回答是：「賴其上下昬十睦，軍不騷動，民忘其死，直岸抗兵，而郭中市肆不變，績婦奉壺以餉軍野戰，翁媼稚子候門而舍番休之兵，諸生在學校者年不及冠，而皆奉械注丸，爭死前敵。」依靠的正是上下一心，軍民一體，同仇敵愾，寧死不屈，無畏地向敵人戰鬥。在這之後，形勢便逐步逆轉，從革命者主觀方面去尋找原因，就是因為漸漸丟掉了這些可貴的精神與傳統。臨時政府初建，便「上下觸悟，惡聲日騰」，特別是南京方面與武昌方面，竟「華為兩戍，戰不相問，盟不相諮」，這與昔時共同浴血奮戰已難比較；其後，革命隊伍急速擴大，「舊時數年之所糾合同志，率不過二千，一朝求附麗為徒屬者，日莫簿閱，署名幾五千人」，這就不免泥沙俱下，魚龍混雜；在這一情況下，一些革命同志「得志之頃，造次忘其前事，向之自相匡督與夫感慨自裁之節，皆忽略以為遊塵，直道殭視之矣」，他們「宅京稍久」，便不可避免地要「漸益染其淫俗」，而這反過來便又使得「向者茸技之官，奔亡之虜，遊食於北都者」，得以「乘其阽危，陽與為好，而陰蠹害其事」，結果，致使「盟約敗解，人自相疑，醜聲彰於遠近，而大勢崩矣」[111]。回顧這段歷程，章太炎感慨萬分地寫道：「今先時創謀者，雖頗凋喪，其他或以小器易滿，不能知憂思。而涉變複知患難者，尚四五人。誠令追跡前事，念始謀之不易，與一身顛

111　章太炎：《小過》，《檢論》卷九，第15—18頁。

沛屏營之狀，宜有俶焉動容潛焉泫涕者矣！」[112]他希望倖存的所有革命領導人，認真記取以往的經驗教訓，以身作則，艱苦奮戰，同心同德，增強團結，發揚舊日的光榮傳統。他相信，這樣做，或可使革命者避免重犯「侮唇齒之援，棄同德之好，遠憂勤之人，而任女坐擾之士」[113]的錯誤，使革命重振昔日的聲威。

《客帝匡謬》、《分鎮匡謬》、《解辮髮》等名篇被刊落，許多舊作大幅度地進行了修改，一個重要的動機，就是加強《檢論》這部著作的現實針對性。

比如，《商平》一文，是據《平等難》改成。原文中「君臣之權非平等，而其褒貶則可以平等」等保留君主制度的說法，在《商平》中被全部刪除。《商平》還特別增寫了一大段，強調「事之宜平者，獨有君臣，誠不宜世及相授，尊其禮秩，建其童昏，令然肆於民上」，揭露袁世凱名為總統，實際上已與君主無大差異，而且絕不願輕易放棄自己的地位：「惟人情所吝惜者，簞食豆羹之養，執鞭奉蓋之威，苟可以詡燿於眾，猶不能置。今雖號以民主，其崇卑之度，無大殊絕，顧其實已長人。欲其輕去就，固難也。」[114]又如《刑官》一文，題目依舊，但《檢論》中新增了一段，說：「人主者，以其職貴，不以其形骸貴。燕遊之事，非舉其職，則齊諸編民。是故漢武微行，馳騖禾稼秔稻之地，為鄠杜令訶止。……即令雖格殺武帝，是誅逆令者，非弒主也。」根據這一思想，文章反覆說明：「苟傅於辟，

---

112 章太炎：《小過》，《檢論》卷九，第21頁。
113 章太炎：《小過》，《檢論》卷九，第18頁。
114 章太炎：《商平》，《檢論》卷六，第8頁。

雖人主，得行其罰。」「使人主殺人不軌，則治之等是矣。」[115]這些論說，實際上都是申述反對袁世凱、推翻袁世凱統治所具有的正義性與合法性。

《檢論》中十分引人注目的一篇文章，是《易論》。章太炎在《自述學術次第》中說過：「余少讀惠定宇、張皋文諸家《易》義，雖以為漢說固然，而心不能愜也。亦謂易道冥昧，可以存而不論。在東因究老莊，兼尋輔嗣舊說，觀其明爻明象，乃歎其超絕漢儒也。近遭憂患，益復會心。……近欲有所論著，煩憂未果。」[116]而這篇《易論》，應當說，就是在煩憂稍解後寫出的概括他研究《易》的主要心得的一篇專門論文。在《太炎先生自定年譜》中，他在敘述了「複取《訄書》增刪，更名《檢論》」之後，緊接著就說：「處困而亨，漸知《易》矣。」[117]這足以顯示《易論》在《檢論》一書中的特殊地位。

《易》是我國最古老也是解說最為紛紜的一部文獻。古往今來，人們曾從各種不同的角度，企圖對《易》的卦爻詞及其排列的順序所包含的意義作出說明，章太炎的《易論》特色在於：他首次擺脫了古代的論《易》方法，以他所掌握的人類學、社會學知識為基礎，結合人類社會發展的歷史進程，對《易》中起始部分《屯》、《蒙》、《需》、《訟》、《師》、《比》、《履》、《泰》、《否》、《同人》等卦的含義作出了全新的解釋。

《屯》，章太炎解釋為人類形成的原始階段。「庶虞始動，其象曰

115　章太炎：《刑官》，《檢論》卷七，第17—18頁。
116　章太炎：《自述學術次第》，手稿，上海圖書館藏。
117　章太炎：《太炎先生自定年譜》，民國三年。

屯，其彖曰『宜建侯而不甯侯』，則草昧部族之酋，鶉居食，上如標枝，而民如野鹿者也。當是時，民獨知畋漁，故其爻曰：『即鹿無虞，惟入于林中。』婚姻未定，以劫略為室家，故其爻曰：『匪寇婚媾。』」《蒙》與《需》也都反映了這一階段的特定的婚姻關係。

《訟》、《師》、《比》，章太炎解釋為私有財產的出現以及相應而發生的社會衝突。「農稼既興，民之失德，乾餱以愆，而爭生存、略土田者作，故其次《訟》。小訟用曹辯，大訟用甲兵，是以行師。所謂『丈人』者，眾之所歸往也。眾有所比，同征伐，共勞逸，故其倫黨摶而不潰。」

《履》、《泰》、《否》，章太炎解釋為作為統治者的國家的正式建立。「《訟》以起眾，《比》以畜財，軍在司馬，幣在大府，有軍與幣，而萬國和親，覯威不用。故其象曰：『懿文德。』受之以《履》，帝位始成，大君以立。由是辯上下，定民志。」《泰》與《否》，則只不過表現了「懿文德」、「辯上下」順逆不同的狀態。

由此，便產生了國家與民族之間的界限。「『君子以類族辨物。』宗盟之後，異姓其族，物細有知，諸夏親昵，戎狄豺狼者，而族物始廣矣。故『同人于宗』曰『吝』，『於郊』、『於門』，然後其無悔咎也。」

章太炎對《屯》至《同人》各卦作了以上解釋之後，便斷言：「此九卦者，生民建國之常率。彰往察來，橫四海而不逾此。」[118]

118　章太炎：《易論》，《檢論》卷一，第23—24頁。參見《自述學術次第》。

《易論》的這些分析，開闢了《易》的研究的新門徑，顯示了《易》並非「識記曆序之儕」，而是人事變遷的可貴記錄，要求人們從實際的歷史發展歷程中掌握社會政治運動的一般軌跡。

《易》與《易傳》描述了各種事物的矛盾運動，具有豐富的辯證思想。通過對《易》的研究，章太炎對於矛盾運動的絕對性、無限性，有了更為明晰的認識。「群動而生，旁門溢無節，萬物不足供其宰割，壤地不足容其膚寸，雖成既濟，其終猶弗濟也。」[119]事物的矛盾運動將永無窮盡，想到達一個無矛盾無衝突的世界，就永無可能。平安美好的局面總是短暫的，而衝突、動盪則將永恆不息地存在；善的力量也有可能失敗，而惡的勢力猖獗一時的記錄則屢見不鮮。以此，他無限憂慮地寫道：「夫成敗之數，奸暴幹紀者常荼，而貞端扶義者常踧。作《易》者雖聰敏，欲為貞端謀主，徒衲補其瘡瘀耳。由是言之，既濟則暫，未濟其恒矣。是亦聖哲所以憂患。」[120]

《易論》對於前途的展望並不樂觀，甚至可以說，相當悲觀。因為暴人得志，凶人享國長世之事，歷史上屢見不鮮。「光復以還，絕世未得繼興，膏澤未得下究；諸志士獻民，生存未得相廷勞，死亡未得相弔唁也；而逋寇尚有祿胙，庇其族姻，向之降虜，猶持權藉，姿肆不衰。」[121]面對這一嚴峻的現實，他卻無能為力，內心的苦惱，使他不能不發出困鎖在鐵籠中的猛獸那樣痛苦的哀鳴。《易論》乃至整個《檢論》中的一些灰色、消沉的東西，都正是這種情緒的產物。

119　章太炎：《易論》，《檢論》卷一，第26頁。
120　章太炎：《易論》，《檢論》卷一，第28頁。
121　章太炎：《易論》，《檢論》卷一，第28頁。

在《檢論》定稿以後，章太炎緊接著又將《國故論衡》作了一些增補與修改。《檢論》與《國故論衡》，是康寶忠與其弟康心如籌印的《章氏叢書》中的兩種。康心如那時辦了一個右文社，自有印刷廠，將編印《章氏叢書》當作他們的一項主要業務。《章氏叢書》還彙集了章太炎的《春秋左傳讀敘錄》一卷，《劉子政左氏說》一卷，《文始》九卷，《新方言》十一卷，《嶺外三州語》一卷，《小學答問》一卷，《說文部首均語》一卷，《莊子解故》一卷，《管子餘義》一卷，《齊物論釋》一卷，《太炎文錄初編》文錄二卷、別錄三卷。這裡包括了章太炎論學論政的極大部分著作。全部選目都由章太炎本人自行審定過。早年尚未成熟的《膏蘭室箚記》與《春秋左傳讀》未收，《訄書》初刻本、修訂本未收，目的顯然是要收入他自認最為成熟的學術著作。在編定文錄時，他將在《民報》上發表的極大部分戰鬥文字都編入了「別錄」；早先政治上尚未與康、梁決裂時的許多論政、論學的文章，武昌起義以後的大量通電、宣言、演講與文章，則都被摒棄未收；當年同盟會領導層中發生爭吵時發表的許多攻訐性的文章，也被刊落。原因當然是多方面的。革命黨人內部的紛爭與內訌餘痛猶在，他不願再去揭開這些瘡疤，這是他將許多文章刊落的一個重要原因。

在鐵鎖寒幢之中，章太炎認真進行了思索與總結。不僅對武昌起義以來的經歷，而且對自己一生的政治與學術活動，都進行了回顧與總結。《檢論》以至整部《章氏叢書》的編定，便是這一思索與總結的成果。「蓋皇皇欲攬政權，唯恐一人異己者，當塗之用心也；皇皇欲攬文化權，唯恐一人異己者，保皇黨之用心也。二者夾輔，以制一

人，雖有賁、育之勇，將焉用之？」袁世凱政治上的野心與陰謀，保皇黨在思想文化領域內掀起的黑潮，是章太炎這時所面臨的兩大強敵。他孤軍猶在奮戰。「人固有一死，功業已就，沒身可以無恨。如下走者，寢疾默化，亦恬漠而終耳。所未忘者，獨以國故衰微，民言哤雜，思理而董之也。」[122]《檢論》的寫定，《國故論衡》的修改，《章氏叢書》的編選，都是章太炎董理國故民言事件的一部分。

122　章太炎：《致山田飲江》（1915年4月），原件，上海圖書館藏。

第八章

晚年章學

8.1　護國護法

　　1915年12月12日，躊躇滿志的袁世凱宣佈接受「推戴」為皇帝，13日在居仁堂接受百官朝賀。12月31日，他又下令改民國五年為洪憲元年，利令智昏地準備正式登極，用中華帝國取代中華民國。「居仁堂下戀黃幃，天上申猴坐玉扉。」[1]章太炎不甘坐以待死，他一邊與幾個學生「坐談玄遠」，由他的弟子吳承仕記錄整理為《菿漢微言》，一邊積極行動起來，秘密策劃倒袁事宜。是時馬敘倫等人「不願在袁皇帝『輦轂之下』混事，趕在他『登極』以前」辭職離京，行前，馬敘倫專門趕到錢糧胡同「去和章先生商議倒袁的事」，章太炎囑他到上海「找張謇先生商量」[2]。蔡鍔、唐繼堯組織護國軍據雲南起兵反袁的消息傳來後，章氏大為興奮，他雖身在幽禁之中，仍積極關注與參與著護國戰爭。

　　繼雲南、貴州、廣西相繼獨立之後，廣東、浙江也宣告獨立。由於在這些省份起領導與核心作用的是一批地方軍閥與原立憲派分子，他們反袁，但並不反對整個北洋軍閥勢力；與此同時，袁世凱則加緊玩弄政治手段，宣稱將依據約法轉向實行責任內閣制度。時局究竟應當如何發展？章太炎撰寫了一份《對於時局之意見書》，堅決反對南軍向北方妥協，或苟且偷安搞所謂省自治。意見書中寫道：

　　　帝制不應生於民國，一法吏所知耳。乃其所以召斯大釁者，豈徒以帝制為一因邪？……辛亥之役，貪人酷吏，一切未加誅夷，及統

1　　章太炎：《改遊仙詩》，見劉成禺《洪憲紀事詩本事簿注》卷二。
2　　馬敘倫：《我在六十歲以前》，第59頁。

一，而卒受其蹂躪。今南軍所稱為首惡者，在位泰半如故也。縱令兵挫餉屈，強欲相從，而不得不戒於前事，然則丈夫固決死耳。雖丁壯瘠痍，老弱餒饋，蹀血千里，盡城郭為虛，猶愈他日斃于佞人文墨之中也。況其克捷，而可羈以就撫邪？[3]

意見書強烈反對一些地方軍閥所宣導的「自治」，指出，這只能「恣令各省將軍招募無限」、「縱是殘虐之夫而使坐擁高權」，使「中央君主之制既去，而地方君主之制又興」。意見書更要求人們警惕「清廷復辟之禍」，注意一些軍閥、官僚、政客圖謀乘機恢復清王朝統治的動向。

這份意見書的中心，其實就是要求已經宣佈獨立的南方五省千萬不要滿足於已得的一點成果，「自以為表裡山河足以自守而無他患也」，而要深刻認識，如果不給產生帝制的整個社會勢力以堅決打擊，那就又要重蹈辛亥之役的覆轍，因此，應當以決死的鬥志，堅持將護國戰爭進行下去。

6月6日，袁世凱一命嗚呼，7日，黎元洪以副總統身份繼任總統。一旬之後，章太炎方才恢復了自由。26日午後，他由京奉路快車出京，次日由天津乘日本天潮丸輪船經大連去滬，7月2日抵達上海。7月3日，他就是否取消南方各省獨立及軍務院問題，致電黎元洪、岑春煊等人，反對貿然取消獨立，反對取消軍務院。在給黎元洪的電報中，他說：「邇來饗功偷事之徒，日以取消獨立、擁護中央為口

3　章太炎：《對於時局之意見書》，手跡，北京圖書館藏。

柄。不知民意寄於獨立，國蠹本在中央。國蠹未除，先違民意，則雖約法、國會之彰彰者，亦適為奸回利用矣。以此粉飾太平，塗民耳目，辛亥覆轍，必將複見於今。此炳麟所為扼腕增欷者也。」[4]在給岑春煊的電報中，他說：「近聞道路傳言，有取消軍務院計畫。斯事若行，則民氣挫折，而奸回得志，元首等於贅旒，國會受其蹂躪。公瞻有百里，當為全國生民請命，不應襲政客之浮談，作和平之甘語，以長天下惰氣也。」他要求軍務院繼續自己的軍事行動，「叛徒未戮，出師何患無辭！餘孽猶存，仔肩卸於何地？」[5]他希望保存南方護國軍力量，將反對種種「國蠹」的戰鬥堅持到真正取得勝利，使護國戰爭不再重蹈辛亥之役的覆轍。他在許多集會上大聲疾呼，不能要那種「偷安苟且，不辨是非」的「和平」，不能「力避暴徒之名，陽為和平，以求庸人之許可」。他指出：「欲見清明氣象，非暴徒不為功。……壬癸之敗，患在暴未充分，而豈以暴為患哉！今者帝制餘孽，猶未剿除，墨吏貪人，佈滿朝列，非震以雷霆霹靂之威，仕塗何自而廓清？政治何由而循軌？而欲厲行此事，必不能避暴徒之名！」[6]8月10日，他在給黎元洪的電文中特別強調：「當知宗社黨有新舊之分，復辟論有滿漢之異。舊宗社黨不過反對袁氏一家，項城既亡，主歸消滅，即令小小蠢動，其責在地方軍警耳；而新宗社黨財力雄厚，萌芽潛滋，動員令可以自主，選舉事可以妄幹，懷抱與清室遺臣絕異。若非嚴令征剿，必將滋蔓難圖。」[7]8月13日，他與孫中山、黃興

4　《章太炎致大總統電》，1916年7月5日《時務》，又見《護國軍紀事》，題作《章太炎請除遺孽電》。

5　《章太炎先生來電》，兩廣都司令部參謀廳編：《軍務院考實》第四編，第118—119頁。

6　《章太炎之暴徒解》，1916年7月14日《中華新報》。

7　《章太炎致大總統電》，1916年8月11日《時報》，12日《新中華報》。

等人共同發起舉行了追悼「二次革命」以來死義烈士的大會，親自撰寫了祭文，再次嚴正指出：「某等以為武昌之師，以戔異族；雲南義師，以蕩帝制。事雖暫濟，而皆不可謂有成功，則何也？異族、帝制之勢，非一人能成之，其支黨槃結於京師者，不可勝計。京師未拔，正陽之門堙未摧，雖僕一姓，斃一人，餘孽猶鳥獸屯聚其間，故用力如轉山，而收效如毫毛。遽以是為成功者，是誇誕自誣之論也。」[8]然而，言者諄諄，聽者藐藐。

黎元洪當總統，形同贅旒；岑春煊等人所統率的護國軍，無意北向。8月下旬，他專程趕到兩廣護國軍都司令所在地廣東肇慶，與岑春煊相會。他責問擔任副都參謀的李根源：「餘孽猶在，段氏專恣，大難未已，何其輕於收束如是？」李根源告以南方軍閥相爭內情，他也只有「慨歎無已」[9]。

袁世凱死後，掌握中央與大多數地方軍政大權的，仍是由袁一手培植起來的北洋軍閥勢力，其中，舉足輕重的是以段祺瑞為首的皖系軍閥與以馮國璋為首的直系軍閥。他們相互之間，為了爭奪更大的權力與更多的地盤，爾虞我詐，衝突不絕，然而，又都毫無例外地繼承了袁世凱的衣缽，企圖建立起北洋軍閥的全面統治。

1917年7月，段祺瑞故意縱容「辮子軍」首領張勳發動軍事政變，假手張勳復辟，造成解散國會、廢棄臨時約法及推翻黎元洪總統的既成事實，然後，由他出場趕走張勳，把自己打扮成共和再造者，

8　章太炎：《告癸丑以來死義諸君文》，見1917年12月8日北京《新中華報》，又見《太炎文錄初編》別錄補編。
9　李根源：《雪生年錄》民國五年丙辰。民國十八年夏日印版。

直接建立起由馮國璋任總統，由他自己控制全部實權的軍閥政府。

7月1日，張勳在京擁戴溥儀復辟。章太炎與孫中山、唐紹儀、譚人鳳、柏文蔚、汪兆銘、海軍總長程璧光、海軍總司令薩鎮冰等人，齊集於上海環龍路六十三號孫中山宅邸，經過會議磋商，「一致決定擁護共和，出師討逆」[10]。7月6日，他和孫中山等人即乘海琛艦離滬赴粵，於13日晨他到達廣州，17日，迎孫中山至黃埔。這時，張勳復辟已作鳥獸散，段祺瑞重任國務總理，拒絕恢復臨時約法與國會，而假惺惺地要召集什麼臨時參議院，實際上就是要用一個各省軍閥的代表會來取代國會。面對這一形勢，孫中山決定以「護法」為旗幟，號召議員南下。8月25日，齊集於廣州的議員舉行了「非常國會」，堅持臨時約法必須恢復，國會的地位必須得到承認，決定在廣州設立中華民國軍政府，領導戡定叛亂，實現上述目標的鬥爭。9月1日，孫中山被非常國會選舉為軍政府大元帥，10日宣誓就職。章太炎則在新組建的軍政府中擔任了秘書長。

民國元年剛制定臨時約法及剛建立國會時，章太炎並不視為珍貴。然而，五年多來圍繞著民主與專制、共和與帝制所發生的激烈而曲折的實際鬥爭，使他清楚看到，臨時約法也好，國會也好，儘管都不完善，卻都體現了民主與共和的精神，代表了辛亥革命的成果，因而，袁世凱及其衣缽繼承者必欲去之而後快。而對於臨時約法與國會究竟採取什麼態度，也正可以檢驗出誰是真正擁護民國共和，誰是反其道而行之。章太炎在解釋為什麼以「護法」為號召時說：「中國今

10　1917年7月5日《中華新報》。

日是非不明，順逆不分，攪得一團充分之大糟，那還成一個國家？……夫共和國家，以法律為要素，法存則國存，法亡則國亡。合法者則為順，違法者則為逆，持一法字以為標準，則可判別一切順逆矣。」確認和維護臨時約法的權威與效力，就可以比較清楚地分清是非順逆，組織力量，掃除妖孽。所以，「護法」的目標，是剷除所有破壞約法的反動力量，「新組一真正共和國家」。對此，他直言不諱地說：「今日救亡之策，即在護法，護法即先討逆。余此次與孫中山來粵，即欲切實結合多數有力者，大起護法之師，掃蕩群逆，凡亂法者必誅，違法者必逐，然後真正共和之國家，始得成立。所謂法治精神，人民幸福，庶有實現之一日。」

護法運動，從一開始就有一個致命的弱點，這就是它不是把力量的基點置於民眾之中，而是放在所謂「有力者」、「西南各省」，亦即以西南各省為主的一批地方軍閥身上。為了取得西南軍閥中的兩大首領陸榮廷與唐繼堯對軍政府的支持，非常國會特地在大元帥下設兩個元帥，於9月2日選舉他們二人擔任。可是，陸榮廷與唐繼堯都不肯就職。為了說服唐繼堯就職，對護法運動採取較為積極的態度，根據章太炎本人的動議，孫中山任命章為總代表，偕同齎送元帥證書印信去滇的五名國會議員離穗經越南轉道去昆明，與唐共同「籌商時局」。

章太炎是9月26日到達昆明的，直到10月初，唐繼堯方才口頭表示「決心北伐，於軍政府事亦贊同一致，絕無異論」[11]。經孫中山與章太炎再三敦促，唐繼堯方才勉強「具禮受印證」，就元帥之職，「然

11　《中華民國史資料叢稿・大事記》第四輯，第55頁。參閱孫中山《護法之役致川滇黔湘各省要電》之十五，胡漢民編《總理全集》第三集，第40頁。

其文移號令,終自稱滇黔靖國聯軍總司令,未肯稱元帥也」[12]。一心要做「西南王」的唐繼堯,只對逐鹿四川有興趣,對北伐並無誠意。為了使唐繼堯改弦更張,章太炎一再向唐繼堯進言,可是,唐「終托故不出」。

1918年5月,護法軍政府改為七總裁合議制,岑春煊任主席,孫中山被逼離開廣州返回上海。事態的發展,使章太炎認識到,無論是陸榮廷,還是唐繼堯,「惟欲割據三省,自固封殖」,而「鄂省非一家所能專有」,所以,都不願會師武漢。他們所營求的,都只是一己私利,護法大局並不為他們所重。「是知人心不同,難與共濟」。現實使章太炎更痛切地感到護法這一口號自身就有嚴重缺陷,「蓋鼓舞軍心者,在順從民意。國會本非民心所向,以法律為出師之名,回應自寡」[13]。6月13日,他在四川峨眉受戒,宣言不再與聞世事,並動身離川東歸。

經過旅途一番輾轉,10月11日,章太炎歸抵上海。沉默了50天,12月2日,在上海《時報》發表了一封長信,曆述自己為唐繼堯等人參議而未為見聽的經過,深刻揭露了陸榮廷、唐繼堯等西南軍閥所持者只不過是一種「部落主義」,「廣西不過欲得湖南,雲南不過欲得四川,借護法之虛名,以收蠶食鷹攫之實效」;他們忽而言戰,忽而言和,「言和不過希恩澤,言戰不過謀嚇詐」,無非效法「裡巷訟棍之所為」。以此,他斷言:「西南與北方者,一丘之貉而已。」依靠西南軍閥的力量發動一場護法戰爭以推翻北洋軍閥統治的幻想,至此

12　《太炎先生自定年譜》民國六年。
13　章太炎:《致劉英書》,見《章太炎選集(注釋本)》,第605—607頁。

終於完全破滅，他十分悲觀地認為：「中土果有人材能戡除禍亂者，最近當待十年以後，非今日所敢望也。」[14]

8.2　聯省自治

脫離護法戰爭不久，章太炎轉向宣導「聯省自治」，企圖以此對抗北洋軍閥政府，並以此抵制唐繼堯、陸榮廷等西南軍閥假借「護法」之名擴張自己地盤。他認為，岑春煊所主持的南方護法軍政府已經瓦解，「軍府亡，則無以拒北賊。獨言自治同盟，可盡靖獻之義耳」。「聯省自治」一詞，便是他這時所說的「自治同盟」，系他本人根據張繼的建議改定[15]。

1920年6月，湖南南軍克復長沙，7月22日，湘軍總司令譚延闓發表治湘宣言，主張湖南自治。不久，譚延闓特派專使來滬，迎迓章太炎赴長沙。11月1日，譚延闓通電全國，明確提出：「此後各省以武力戡禍亂，不如以民治奠國基，仍宜互結精神，實行聯省自治。」2日，又以湘軍全體將領名義通電宣佈，湖南將以率先實行自治，「以樹聯省自治之基」[16]。與之緊相呼應，章太炎發表了《聯省自治虛置政府議》和一系列通電系統，闡述了他關於「聯省自治」的觀點與主張。

章太炎所主張的「聯省自治」，包括實行「各省自治」、「聯省自

14　《章太炎對於西南之言論》，1918年12月2日《時報》。
15　《太炎先生自定年譜》民國九年。
16　見《湖南省志》第一卷，第414頁，湖南人民出版社，1959年版。

治」和「層累以成聯省政府」三個階段[17]。「其間步驟，本分三期，有省自治而後有聯省自治，有聯省自治而後有聯省政府。節次稍差，便為躐等。」[18]而其基礎，則是「各省自治」。具體地說，就是：「各省人民，宜自製省憲法；文武大吏，以及地方軍隊，並以本省人充之；自縣知事以至省長，悉由人民直選，督軍則由營長以上各級軍官會推；令省長處省城，而督軍居要塞，分地而處，則軍民兩政，自不相牽；其有跨越兼圻，稱巡閱使或聯軍總司令者，斯皆割據之端，亟宜劃去。」[19]

　　章太炎之所以力主「聯省自治」，是希圖用這個辦法來削弱以至取消中央集權制度。他認為，頻年擾亂，都是以中央政府為其屬階，因之，有中央政府還不如沒有中央政府。中國既不能絕對無政府，則應當儘量使地方權力加重而使中央權力減輕。為此，他寫道：「近世所以致亂者，皆由中央政府權藉過高，致總統、總理二職為誇者所必爭，而得此者，又率歸於軍閥。攘奪一生，內變旋作，禍始京邑，魚爛及于四方。非不預置國會，以相監察，以卵觸石，徒自碎耳。今宜虛置中央政府，但令有頒給勳章、授予軍官之權，其餘一切，毋得自擅。……如是，政府雖存，等於虛牝，自無爭位攘權之事。」[20]武昌起義以來的政局表明，專制主義勢力盤根錯節，他們亟力將中央政權牢牢把持在手中，以遂其私，雖然設置了國會等等，也無奈他們何。章太炎以為必須改為虛置中央政府，才可將問題解決。

17　　《章太炎與各省區自治聯合會電》，1921年1月6日《申報》。
18　　《章太炎最近致川湘粵滇通電》，1921年3月15日《申報》。
19　　章太炎：《聯省自治虛置政府議》，1920年11月9日北京《益世報》。
20　　章太炎：《聯省自治虛置政府議》，1920年11月9日北京《益世報》。

章太炎的這些論點與主張，反映了他對北洋軍閥霸佔中央政權的強烈不滿，投合了那些既不願屈從北洋軍閥統治、又不想依附唐繼堯、陸榮廷等西南軍閥的地方勢力希圖自保的需要。一時間，繼湖南之後，四川、貴州、浙江乃至雲南、廣東等省紛紛宣佈自治，表示回應的還有陝西、湖北、江西、福建、廣西等省。湖南、四川、浙江、江蘇、貴州等省還鬧鬧嚷嚷地開始制定省憲法。章太炎與這些地方首腦頻繁地電信往還，儼然成了「聯省自治」運動中運籌帷幄的一個中心人物。

　　就章太炎本人而言，「聯省自治」，不過是他建立「民國共和」的種種方案迭遭失敗以後，希冀擺脫政治窘境的新的政治構想。他堅持「聯省自治」必須以各省自治為其基礎，「未有各省自治而先有聯省自治，是捨實責虛也；未有聯省自治而先有聯省政府，則啟寵納侮也」。他要求做到：「現在之南北政府，但視以棲流所；現在之總統、總裁與未來之大元帥、非常總統，但視以僧綱丐頭；現在之舊國會，但視以失業流民；現在之新選舉，但視以燒香集市；廢興生滅，任其自然。總不使幹預省事。」[21]然而，想用這一辦法實現所謂民治主義，一不見容於憑恃實力推行「武力統一」政策的直系軍閥，二不見容於依靠軍事專制控制自己地盤而只想用「省憲」來給自己裝潢一下的那些地方軍閥。1921年夏，吳佩孚率軍南下，打敗了主張「聯省自治」的湘鄂川軍，做了兩湖巡閱使，給「聯省自治」運動一個沉重打擊。1922年四五月間，吳佩孚指揮直系武力同張作霖的奉系勢力進行了第一次直奉戰爭，將張作霖逐往關外。為了進一步控制中央政權，

21　　《章太炎與各省區自治聯合會電》，1921年1月6日《申報》。

打出了恢復「法統」、召集舊國會以及擁護黎元洪復大總統之位的旗號，給了「聯省自治」運動更大的打擊。

　　章太炎眼看「聯省自治」運動即將全軍覆沒，異常焦急，於是又極力鼓吹「廢巡閱使」、「撤駐防軍」和「撤中央直轄軍」[22]，並直接致電曹錕、吳佩孚，要他們「毅然廢巡閱使，以兵柄還付各省，以自治還付省民」，說明非如此，則「恢復舊國會，是謂舞文，召集國是會議，是謂惑眾；擁護黃陂復位，是謂囚堯；凡講法體，皆為巡閱使作承宣官」[23]。然而，是時曹錕為直魯豫巡閱使，吳佩孚為兩湖巡閱使，張作霖為東三省巡閱使，要他們自行取消巡閱使，當然無異與虎謀皮。章太炎又曾密函黎元洪，勸黎「堅臥不出，以俟其弊，逮及局勢不支，迫害已甚，而後勉起就之」[24]，不料，黎元洪根本沒有理睬，便貿然由津入京，宣佈就總統職。這更使章太炎嗟歎不已。

　　不甘於「聯省自治」就此偃旗息鼓的章太炎，為了同曹錕、吳佩孚等宣導的恢復「法統」相對抗，於1922年6月又提出了一套實行「大改革」以「定國本」的主張。鑒於臨時約法中關於國家政權體制的規定以及依照臨時約法而產生的國會、總統，現在都已成了曹錕、吳佩孚等人的掌中玩物，章太炎提出，大改革，首先就要改革這三樣東西。「所改革者云何？曰：現行約法、現式國會、現式元首是。約法偏於集權，國會傾於勢力，元首定于一尊。引生戰爭，此三大物者。三大物不變，中國不可一日安也。」究竟怎樣改革呢？章太炎要求：

22　《章太炎覆國民裁兵會書》，1922年5月20日《申報》。
23　《章太炎覆曹錕吳佩孚電》，1922年5月29日《申報》。
24　章太炎：《致黎元洪書》，潘景鄭先生藏手稿。

一要「先由各省自製憲法，次定聯省憲法」，用以取代約法和天壇憲法；二要由省議會或各法團負責制定省憲法，由省議會議員負責制定聯省憲法，而後「乃設聯省參議院」，用以取代「趨附勢力，絕無操守，大節逾閑者」居多的現式國會；三要「廢去大總統一職，以委員制行之」—「員額既多，則欲得者自有餘地；權力分散，則梟鷙者不得擅場；集思廣益，則誇誕者不容恣言，仁柔者不憂寡助」[25]。為了使他這裡所說的大改革不至變成紙上談兵，他在各省省議會、各教育會省商會、省農會、省工會、省銀行公會、省律師公會報界聯合會等在上海舉行的「八團體國是會議國憲草議委員會」中反覆申述自己的主張，將這些主張寫入他們所草擬的憲法草案，企圖用以取代當年袁世凱統治時期擬定，曹錕、吳佩孚力謀使之在國會正式通過的「天壇憲法」。同時，他還同褚輔成等人發起組織「聯省自治促進會」，企圖用以抵制吳佩孚的武力統一主義。然而吳佩孚仍然我行我素，繼續推行武力統一政策。1923年4月，章太炎通電湘、川、滇、黔、浙、閩等十省省長、督軍，痛斥「獨彼直系，包藏禍心，始終以武力統一主義，破壞自治」，要求「南北十省，唯當以自治名義聯拒寇仇」[26]。聯省自治這時實際上已成為聯督自治，省憲非但沒有成為民治的保障，反做了軍閥政府爭權奪利的旗號。

在北方，1923年6月，曹錕製造北京軍警變亂，逼走總統黎元洪；10月，曹錕賄選為總統。為與曹錕對抗，章太炎發起在滬召開各省代表會議，樹立聯治之先聲。1924年3月，吳佩孚強令湖南取消自

25　《章太炎改革法制之新主張》，1922年6月25日《申報》。
26　1923年4月13日《申報》。

治，章太炎致電湖南省議會及各軍官，要他們堅決維護省憲，萬不可取消省自治。7月下旬，他宣導建立的聯省自治促進會舉行的籌備會致電各省議會，痛斥曹、吳一夥「以斷送東三省鐵道、舉辦德發債票、承認金法郎案賣國求逞為得計」，「以人民生命為兒戲，以地方財政供犧牲」，再一次呼籲「打破舊有一切團體，以聯治主義為結合之中心」[27]。10月奉直戰爭中馮玉祥倒戈反對曹、吳，章太炎兩次發表《改革意見書》，以為統一不如分治，建議地方在省自治之上分為數國，中央建立行政委員會，採取合議制。「觀曹、吳所以能為亂者，則北洋派之武力統一主義為之根本。今不去其根本，而徒以解決曹、吳為快，後有北洋派繼之，則仍一曹、吳也。是故歸之行政委員制，以合議易總裁，則一人不能獨行其北洋傳統政策。」[28]所謂實行行政委員制，所謂合議制，就是用瑞士的合議制與蘇俄最高蘇維埃主席團制取代總統制。他說：「大總統一職，為殉權者所必爭，民國十一年中，亂事數起，皆由爭此大位而成，如投骨然，引狗使相噬也。……然則大位之引爭端，實與帝王無異，顧其害則較帝王尤劇。」他認為，這些年來曾居元首者無過三種人才：一者梟鷙；二者狂妄；三者仁柔。或威福自專，或將相上逼，或游移於二者之間。而若採用合議制，「以諸委員行之，員額既多，則欲得者自有餘地；權力分散，則梟鷙者不得擅場；集思廣益，則狂妄者不容恣言，而仁柔者不憂無助。是故當其選舉也，則爭不至於甚劇，及其處機也，則亂不至於猝生。自是而後，禍亂庶幾少弭矣。」[29]

27　《聯治社籌備會議》，1924年7月29日《申報》。
28　《章太炎再發表改革意見書》，1924年11月15日《申報》。
29　《弭亂在去三蠹說》，《章太炎政論選集》下冊，中華書局，1977年版，第758—759頁。

對於國會，1924年初章太炎致書章士釗說：「吾前在日本，逆知代議制度不適於中土，其後歸國竟噤口不言者，蓋以眾人所咻，契約已定，非一人所能改革，且國會再被解散，言之懼為北方官僚張目，故長此默爾而已。」但是，現再也不能緘口不語了。國會的問題不僅如《代議然否論》所指陳者，由於過半數以上議員作奸犯科，「欲使全國之選舉區並起而撤回之，則勢有所不成；欲使法庭起訴，法吏雖強鯁有力，亦懼傷國體而止耳」，這樣，便導致百務停滯，動轉不便。國會根本不能代表民意，不能發揮監督政府及官吏的作用，為此，章太炎建議將選舉元首、批准憲法之權還之國民，另設給事中以監督政府，對各部提出的擬案加以審核可否，設禦史以監督官吏，查察百吏曖昧之事，加以彈劾。給事中、禦史的產生，一要經過考試，產生及格者；二要經過選舉，使及格者互選；三者產一，然後再由政府加以任命。給事中、禦史任職都有一定年限，「無使長久淹滯，以失鋒利之氣」[30]。

事實表明，章太炎宣導「聯省自治」，自以為是反曹、反吳、反直的治國奇方，其實已成了許多地方軍閥掌中的玩物。

8.3　思想頹唐

當陳獨秀創刊《青年雜誌》的時候，章太炎正被軟禁於錢糧胡同，伴著青燈、古書打發著枯寂的歲月。他的思想與學術都已自成體系。他認為，自己的使命只是使這一體系更加完善，闡述與傳授這一

30　章太炎：《與章行嚴論改革國會書》，《華國月刊》第一卷第五期。

體系。對於正在勃興的新文化運動，他因而也就異常隔膜。1917年春，就在胡適發表了《文學改良芻議》、陳獨秀發表了《文學革命論》之後不多久，章太炎卻在上海發起建立了一個「亞洲古學會」，說「邇來西勢東漸，我亞人群，有菲薄舊日文明，皮傅歐風，以炫時俗者，亞洲古學，益慮淪亡。……近者歐戰發生，自相荼毒，慘酷無倫，益證泰西道德問題掃地以盡，而東方高尚之風化，優美之學識，固自有不可滅者」，直言不諱地「以與全洲人士提倡舊日之文明」為己任[31]，站到了勢頭日猛的新文化運動的對立面。

　　1921年11月，柳詒徵在南京高師史地研究會編輯的《史地學報》創刊號上發表了《論近人講諸子之學者之失》一文，說今之學者「非儒謗古」，「大抵誦說章炳麟、梁啟超、胡適諸氏之書，輾轉稗販，以飾口耳」。文章特別指名斥責章太炎「好詆孔子」，說胡適等人無非是為之「推波助瀾」。文章抨擊章太炎的《諸子學略說》等文「偏於主觀，逞其臆見，削足適履，往往創為莫須有之談，故入人罪」，說《諸子學略說》中關於孔、老關係的論述，將孔子說成一個其學出於老子而又存心奪老子之名的人物，乃系「以無稽之談誣之也」。柳詒徵所反對的，實際上是當時「打倒孔家店」的整個思想運動，他「引繩披根」，追源溯始，以為章太炎乃是禍首，並據此斷言：「國學淪胥，實諸氏之過也。」[32]

　　對於柳詒徵這篇文章，章太炎非但沒有提出異議，反而公開聲明，完全接受柳教授的指責。他在致柳詒徵書中說，自己「妄疑聖

31　《發起亞洲古學會之概況》，1917年3月5日《時報》。
32　柳翼謀（詒徵）：《論近人講諸子之學者之失》，《史地學報》第一卷第一期。

哲」,「乃十數年前狂妄逆詐之論」,《章氏叢書》中已經刊落,「不意淺者猶陳其芻狗」,「足下痛與箴砭,是吾心也,感謝感謝」。他在信中還特別說明:「鄙人少年本治樸學,亦唯專信古文經典,與長素輩為道背馳。其後深惡長素孔教之說,遂至激而詆孔。中年以後,古文經典篤信如故,至詆孔則絕口不談」,只是「前聲已放,駟不及舌,後雖刊落,反為淺人所取」,追悔莫及。因此,他以為柳詒徵敢於對他的舊論及胡適等人的新論「辭而辟之」,「正如鳳鳴高岡,鳩鵲不能以啁噍相對」,使人心大快。[33]

　　章太炎給柳詒徵的這封信,寫於1922年6月15日。從4月1日開始,他應江蘇省教育會之邀,在上海主講「國學」,每週一次,共講了十次,到6月17日結束。這是他繼東京、北京兩次講學之後,第三次登壇主講。在演講中,他雖然沒有為先前「詆孔」而表示懺悔,但是,已經不再有先前那種鋒芒。就演講的內容而言,和前兩次相比,並沒有增添什麼東西。學術上停止了新的開拓,實際上,就是結束了自己的學術生命。剛剛開講時,吸引了三四百名聽眾,還有一大批人被阻擋在講堂之外;到後來,聽講者只剩下了七八十人,許多人因失望而輟聽,與先前兩次講學形成鮮明的對比。

　　1923年9月,正是「聯省自治」名存實亡之時,由章太炎任社長、汪東編輯的《華國月刊》問世了,這是章太炎思想與學術日趨頹唐的又一重要標誌。他在為這份月刊所寫的發刊辭中劈頭就說:「近世亂已亟,而人心之俶詭,學術之陵替,尤莫甚於今日。」他指責了

33　《章太炎先生致柳教授書》,《史地學報》第一卷第四期。

一番「居位者率懵不知學」，但主要矛頭是指向新學的提倡者，這些人被他說成「大氏稗販泰西，忘其所自，得礦以為至寶，而顧自賤其家珍，或有心知其非，不惜曲學以阿世好」。他自己對國內外新學、新理已都不再感興趣，反而表白：「睹異說之昌披，懼斯文之將隊，嘗欲有所補救，終已未徨。」《華國月刊》的使命，便是所謂「甄明學術，發揚國光」[34]。

1924年8月，章太炎在《華國月刊》第一卷第十二期上發表了《救學弊論》一文，抨擊翁同龢喜談公羊，而忘其他經史，潘祖蔭好銅器款識，而排《說文》，「以奇詭眇小為學，其弊也先使人狂，後使人陋，盡天下為陋儒，亦猶盡天下為帖括之士」，斥責張之洞「優養士類」，致使「惰遊之士遍於都邑，唯祿利是務，惡衣惡食是恥」，「與齊民已截然成階級」。為此，他提出：「今之學校，先宜改制，且擇其學風最劣者悉予罷遣，閉門五年然後啟，冀舊染汙俗悉已滌除，於是後來者始可教也。」竟要將許多學校關閉五年！重新開啟以後，又該怎麼教學呢？《救學弊論》提出：「教之道，為物質之學者，聽參用遠西書籍，唯不通漢文者不得入；法科有治國際法者，亦任參以遠西書籍授之；若夫政治、經濟，則無以是為也。」章太炎支持了他當年曾亟力反對過的張之洞「中學為體，西學為用」的主張。他特別痛惡「文科」的現狀，不僅不容許在這一領域內參用「遠西書籍」，而且不容許在這一領域中泛泛地研治所謂「國學」。他要求「文科」必須「專務史學」。他寫道：「今諸科之中，唯文科最為猖披，非痛革舊制不可治。微特遠西之文徒以繡其鞶帨，不足任用而已，雖國學

34　章太炎：《發刊辭》，《華國月刊》第一卷第一期。

者亦當有所抉擇焉。……欲省功而易進，多識而發志者，其唯史乎？其書雖廣，而文易知；其事雖煩，而賢人君子之事與夫得失之故悉有之……其所從入之途，則務於眼學，不務耳學；為師者亦得以餘暇考其深淺也。如此則詭誕者不能假，慕外者無所附，頑懦之夫亦漸可以興矣。……吾所以致人于高明光大之域，使日進而有志者，不出此道。」[35]

辛亥革命前，他視「用國粹激動種姓，增進愛國的熱腸」為最緊要的事，那主要是為了打掉民族自卑感和民族虛無主義，建立起近代民族文化，用以對抗帝國主義的奴化思想，取代傳統的封建文化。那時，他並不反對在政治、經濟、文化等各個領域內，取法東西各國先進的理論、制度。他本人就非常注意學習和研究西方哲學、社會學以至政治、法律等等方面的「學理」。可是，現在，他將「參用遠西書籍」限定於自然科學、技術科學等所謂「物質之學」領域內，而將政治、經濟及社會科學、人文科學等領域視作禁臠，要求將全部西學排拒於這些領域之外，實際上，已經退到了張之洞「中學為體，西學為用」的泥淖中。

章太炎對於正在中國大地上出現的新的革命風暴從一開始就採取了懷疑與對立的態度。孫中山接受中國共產黨和共產國際的幫助，改組國民黨，於1924年1月在廣州舉行國民黨第一次全國代表大會，確定了聯俄、聯共、扶助農工三大政策，建立了有中國共產黨黨員參加的領導中樞，實現了國共合作，預示著中國大革命的高潮即將到來。

35　章太炎《救學弊論》，《華國月刊》第一卷第十二期。

可是，對於這一重要轉折，章太炎全無思想準備，也完全不理解。他對自己先前所已構造的思想體系深信不疑，自身不願衝破，也不願意別人衝破；他本就好固執己見，剛愎自用，而來自逢迎者所謂「洞燭幾見」、「深識老謀」、「高山仰止」、「為民意所歸」[36]一類頌辭，更使他自以為是，給自己的思想構築了重重壁壘。因此，對於他原先思想體系所容納不了的新的歷史變動，他從一開始就感到完全格格不入。對於共產國際給予中國革命的支持和幫助，對於孫中山的聯俄、聯共政策，他尤為疑慮不止。過去沙皇俄國的侵華野心，日本一批浪人與政客在支持同盟會的帷幕掩蓋下所進行的種種陰謀勾當，使他對於十月革命後的俄國以及在中國進行活動的共產國際代表也根本不信任。舊的成見與新的臆想結合起來，使他對於孫中山的三大政策以及不久開始的大革命採取了對立的態度。他的這一態度，受到了反對國共合作的一批國民黨右派代表人物的歡迎，因而很快便被他們所包圍，被他們拖去做反對大革命的炮手。

1924年冬，激烈反對國民黨改組和國共合作的馮自由、居正、田桐、馬君武等一批國民黨右派分子，一齊聚集到上海南陽橋裕福里二號章太炎寓所，「咸主張非號召同盟會舊人，重行集合團體，不足以匡濟時局」，並一致推舉章太炎領銜發出所謂《護黨救國公函》。由章太炎執筆撰寫的這份公函聲稱：「曩無尺寸之藉，而能取中夏於滿洲之手，今有數省之力，而倒授軍閥以主器之權」，追根溯源，「由民黨渙散之故」。公函呼籲「同盟舊人，重新集合團體，稍就次，乃

---

36   參閱《林建章致章太炎電》（1923年4月21日《申報》）等。

旁求時彥熔於一冶」[37]，就是企圖以恢復同盟會為名，重新結集力量，同改組後的國民黨相抗。1925年2月，章太炎和十多名右派代表人物終於組織了一個「辛亥革命同志俱樂部」，「並光復、共進諸會及灤州派與同盟會同冶於一爐」[38]，不久又去掉名稱中「革命」二字，正式定名為「辛亥同志俱樂部」。

1925年3月12日，孫中山在北京逝世。8月20日，國民黨左派領袖廖仲愷在廣州被刺身死。其後不久，蔣介石、汪精衛漸次控制了廣州國民政府軍政大權。汪精衛當年復刊《民報》時排斥章太炎留下的宿怨，蔣介石指揮暗殺陶成章結下的舊仇，加上他們兩面三刀，縱橫捭闔，在南方革命陣營中種種叫人們捉摸不定的表現，使章太炎對廣東革命政府更充滿不信任之情。

1925年9月，章太炎應湖南省長趙恒惕邀請，到長沙主持湖南縣長考試。路過漢口時，湖北省長蕭耀南親往旅館探晤，並設筵為他洗塵；路過嶽陽時，在1924年第二次直奉戰爭中敗北而蟄居在這裡的吳佩孚，特派參議長將他迎到自己的軍艦上「作三小時之密談」[39]；到達長沙時，趙恒惕更親率湖南省文武官員到車站迎接，「軍警鳴炮致敬，為歡迎外賓從來未有之盛」[40]。所有這些，無非是要章太炎引他們為知己，供他們驅馳。章太炎果然不負所望。在主考縣長的試題中，除去《宰相必起于州部論》這類古色古香的題目外，還有著《擬

37　馮自由：《章太炎等之護黨救國公函》，《革命逸史》初集，第61—62頁。
38　章太炎：《致李根源書》（1925年2月25日），《近代史資料》1978年第一期，第139頁。
39　《湘趙考試縣長之慎重》，1925年9月30日《申報》。
40　1925年9月27日《申報》。

嚴禁敗壞政俗之書籍令》這樣一些「其注重點，在防止過激文書之傳播」的「趨時」作品[41]。章太炎十月返滬後在上海國民大學以校長身份發表演說，公然提出要把研究「國學」與「反對共產黨」聯繫起來，誣陷廣東革命政府和中國共產黨「借著俄人的勢力，壓迫我們中華民族」[42]，充當了軍閥們反蘇、反共的炮手。

章太炎返滬之時，自稱浙、閩、皖、贛、蘇五省聯軍總司令的孫傳芳起兵驅逐盤踞於蘇、皖兩省的奉系軍閥勢力已接近全功，11月上旬，奉軍從徐州北撤，孫傳芳成了東南五省的宰製者。章太炎和江、浙等五省旅滬士紳為表示對孫傳芳的支援，發起組織「五省協會」，「其目的似在輔助及監督五省總司令之行動，一面以五省人民之力，以建議五省興革之事」[43]。1926年1月12日，章太炎五十九壽辰，孫傳芳特送「大餐券一百席、白蘭地一箱」並壽詩、壽聯等為賀[44]。章太炎成了孫傳芳的上賓。

在一大批地方軍閥和資產階級右派政客的簇擁下，章太炎到處反對所謂「赤化」。他公然宣稱：「護法倒段題目雖大，而以打倒赤化相較，則後者尤易引人注意。」「蓋今日國內之問題，已不在此，而在注意如何打倒赤化。」[45]。1926年4月，章太炎又出面在上海糾集各反共勢力組織所謂「反赤救國大聯合」，自任「幹事會」主席，攻擊「過激派欲以赤化政策亡人國」，聲稱「居今之世，反對赤化，實

41　《湖南考試縣長之初複試》，1925年10月5日《申報》。
42　章太炎：《我們最後的責任》，《醒獅週報》第五十八號。
43　《五省協會成立有待》，1925年12月3日《申報》。
44　《章太炎昨日壽辰之熱鬧》，1926年1月14日《申報》。
45　《章太炎與梁士詒之時局觀》，1926年1月31日《申報》。

為救國要圖」，殺氣騰騰地叫嚷：「對於赤黨，其據地稱兵者，則由軍人張其撻伐；其聚眾騷動者，則由士工謀與抵抗。」[46]章太炎所謂「由軍人張其撻伐」來對付「據地稱兵者」，具體化就是要「以北事付之奉、晉，而直軍南下以保江上，開誠佈公，解除宿釁，與南省諸軍共同討伐」蔣介石所統率的北伐軍及馮玉祥所統率的國民軍[47]。

政治上、思想上的頹唐，使章太炎的學術活動也進一步退化落伍。孫傳芳一面調兵遣與對國民革命軍作戰，一面在南京舉行「投壺」典禮，並設立「修訂禮制會」，要修訂整套「禮制」：一、吉禮，包括家祭、祠堂祭、墓祭、薦寢、公私學校祭孔子；二、凶禮，包括喪禮、喪服；三、賓禮，包括相見禮、集會禮；四、嘉禮，包括冠禮、婚禮、宴禮、祝嘏等。章太炎則以他「國學大師」的身份，被聘擔任了「投壺」典禮的「大賓」及「修訂禮制會」的會長。1926年8月6日，假古董、假斯文的「投壺」典禮在南京「聯軍總司令部大堂」舉行，章太炎因事未能趕到；8日夜，他由滬乘車抵寧，主持了次日舉行「修訂禮制會」的成立典禮，並補行了「雅歌投壺禮」[48]。

在大革命高潮中，章太炎起勁為「反赤」搖旗吶喊。當時，他所聲討的一個主要對象就是蔣介石。他在討蔣介石的通電裡揭露說：「詳其一生行事，倡義有功者，務於摧殘至盡；凡口言國家主義者，謂之反革命。是其所謂革命者，非革他人之命，而革中華民國之命也。……且其天性陰鷙，反顏最速，非若孫中山之可以辭解，岑（春

46　《反赤救國大聯合宣言與通電》，1926年5月2日《申報》。

47　《章炳麟通電》，1926年8月15日《申報》。

48　1926年8月10日《申報》。

煊）、陸（榮廷）諸公之可以義結也。權利所在，雖蟻伏叩頭以求解免，必不可得。幸而為彼容納，則奴隸之下更生階級，地權兵柄，悉被把持。」[49]這段話，對蔣介石的剖析可謂入骨三分。出乎章太炎預料，正是他所痛惡的蔣介石把「反赤」變成了血淋淋的現實。緊接著，章太炎所不齒的汪精衛又與蔣介石亦步亦趨發動了反革命的大屠殺。而「反赤」的結果，就是使中國淪沉於黑暗之中。

「四一二」政變過了方才三個星期，蔣介石操縱下的上海「紀念五四」大會就假借民意，於通過「肅清上海各學校之共產黨分子」、「殺徐謙、鄧演達」、「驅逐鮑羅廷」等項決議時，又特立一項，「請國民政府通緝」章太炎、沈恩孚、張君勱、黃炎培、蔣維喬、劉海粟、張東蓀等一批「學閥」[50]。6月16日，國民黨上海特別市黨部臨時執行委員會又專門呈請蔣記中央，「通緝學閥，以制止反動」，名列「著名學閥」之首的依然是章太炎[51]。尤其使章太炎為之傷心的，是蔣介石廢除五色國旗而以青天白日旗為國旗，以及蔣介石公然無忌地推行所謂「以黨治國」。他憤憤不平地寫道：「今之拔去五色旗、宣言以黨治國者，皆背叛民國之賊也。」按其罪行，「惟袁（世凱）氏與之相等，而徐（世昌）、段（祺瑞）、曹（錕）輩，皆視此為輕。」[52]1928年11月21日，他滿腔憤氣，無可發露，便借招商局輪船公司代表招待新聞界之機，大發了一通牢騷，譴責「他們現在說以黨治國，也不是以黨義治國，乃是以黨員治國，攫奪國民政權，而對外仍以中

49　《章炳麟通電》，1926年8月15日《申報》。
50　《二十餘萬人紀念五四》，1927年5月5日《民國日報》。
51　《市黨部呈請通緝學閥》，1927年6月17日《申報》。
52　章太炎：《致李根源書》（1928年5月27日），《近代史資料》1978年第一期，第153頁。

華民國名義，此與袁世凱稱號洪憲後仍以中華民國年號對外意義相同」，並說：「袁世凱個人要做皇帝，他們是一個黨要做皇帝，這就是叛國。叛國者，國民應起而討伐之。」他的這通牢騷，當然是如披逆鱗，如捋虎鬚。果然，國民黨上海市三區指導委員會第二天就舉行常委會，議決呈請上海市黨部轉呈中央「通緝反動分子章炳麟」。呈文稱：章太炎「不了解本黨暫代國民執行政權，迨訓政後政權還政人民之深意，而厚誣本黨與袁逆類似，且公然鼓吹推翻國民政府，其居心灼然可知。……章逆既為知識階級，複有歷史上反革命之鐵證，今複于宴會席上狂放厥詞，顯系危害政府，搗亂本黨。應請鈞會轉呈中央黨部，按照中央頒佈之懲戒反革命條例辦理，即日訓令軍警機關通緝，實為黨便」[53]。上海市黨部立即通過這一提案，要求國民黨中央對章太炎通緝。

章太炎不勝懊傷與悲哀，因而說：「袁氏帝制，不過叛國，而暴斂害民，邪說亂俗，則尚袁氏所未有也。一奪一與，情所不安，甯作民國遺老耳。」1928年6月3日，黎元洪病死於天津，章太炎寄去一副挽聯：「繼大明太祖而興，玉步未改，佞寇豈能幹正統？與五色國旗俱盡，鼎湖一去，譙周從此是元勳！中華民國遺民哀挽。」[54]佞寇，當囊括了馮國璋、段祺瑞、徐世昌、曹錕、蔣介石等新老軍閥；譙周，曾勸蜀後主劉禪降魏，這裡當是指所有向蔣介石新軍閥統治屈服輸誠者。因為黎元洪去世的這一天，正是張作霖放棄北京、退出關外的日子。「公薨，詰旦，北畿皆改樹青天白日旗矣。」[55]所以，挽聯

53　《三區黨部呈請通緝章太炎》，1928年11月22日《申報》。
54　章太炎：《致李根源書》(1928年6月)，《近代史資料》1978年第一期，第154頁。
55　章炳麟：《大總統黎公碑》，《太炎文錄續編》卷五上，第7頁。

中稱黎元洪「與五色國旗俱盡」，而章太炎本人，也因此自稱「中華民國遺民」，表示他心目中的「中華民國」至此已經滅亡，他絕不承認蔣介石的統治繼續代表著「中華民國」。

「中華民國遺民」，以這一身份自居，充分表現了章太炎政治上的絕望。「反赤」的結果，反出了蔣介石的獨裁，青天白日旗成了白色恐怖的象徵。「僦居雖近市，弇關如深湫」[56]，他感到從未有過的孤寂、空漠。他緘默了，在書室裡的藤靠椅上，終日宴坐，默默對著壁上黎元洪題贈的「東南樸學」匾額及剝制的一張鱷魚皮。「握中餘玉虎，樓上對香爐。見說興亡事，拏舟望五湖。」[57]他或「兼治宋明理學，藉以懲忿」[58]，「尋研理學家治心之術，兼亦習禪」，以釋「忿心」[59]，或「只以作詩遣壘，時亦作字，每日輒寫三四十篆，餘更無事」[60]。直到胸中不平之氣在時間的流逝中漸漸淡化，方才能夠坐下來繼續從事學術研究。

8.4　退居書齋

1928年後，與社會鬥爭實踐和新學日益隔膜的章太炎思想日漸枯竭，便轉而回到故紙堆中去重理舊業。

56　章太炎：《春日書懷》，《太炎文錄續編》卷七下，第11頁。
57　章太炎：《生日自述》，《太炎文錄續編》卷七下，第11頁。
58　章太炎：《致李根源書》（1927年11月16日），《近代史資料》1978年第一期，第150頁。
59　章太炎：《致李根源書》（1928年12月6日），《近代史資料》1978年第一期，第155頁。
60　章太炎：《致李根源書》（1928年10月22日），《近代史資料》1978年第一期，第155頁。

章太炎晚年的幾部主要學術著作《春秋左氏疑義答問》、《太史公古文尚書說》、《古文尚書拾遺》、《新出三體石經考》等，大都撰定于這段時間。他自述這段時間「說經主旨」是「《春秋》專論大義，《尚書》務通訓詁」[61]，也大體符合實際情況。《春秋左氏傳》是章太炎早年用力最勤研治的一部著作。詁經精舍時代撰述的《春秋左傳讀》，與康有為的公羊學觀點論戰時所寫的《春秋左傳讀敘錄》、《駁箴膏肓評》，都是他早年研治的成果。

　　《春秋左氏疑義答問》共五卷，這部著作的特色是所謂「專論大義」，即專門探索《春秋》與《左傳》的觀點、理論、主張。在這部著作中，關於《春秋》與《左傳》的編纂問題，章太炎提出了與前不同的見解。他否認「孔子作《春秋》」這一舊說，認為《春秋》系孔子據《魯史》刪定而成，也是「述而不作」。《春秋》詳於魯而疏於其他邦國，對於魯國弒君事件又多隱諱，都是因為《魯史》原來如此。《左傳》不僅依據《魯史》，而且綜合了百國與諸官府的記錄。「及孔子觀周，具見百國與諸官府之所記載，甚翔實矣，然猶弗敢竄易者，魯非周室，身非天王左右之史，不得取魯史而遽定之，使同于王室之史也。是故存其舊文於經，而付其實事於丘明以為傳。」[62]儘管孔子是否曾與左丘明同觀百國寶書還有爭論，《春秋》與《左傳》所依據的原始資料廣狹有別，對許多具體事件敘述有差異，這些論斷卻有相當大的說服力。《春秋左氏疑義答問》對於孔子為什麼修《春秋》以及《春秋》等史書究竟有什麼社會價值等問題也提出了與前相

61　諸祖耿：《記本師章公自述治學之功夫及志向》，《制言》第二十五期。
62　章太炎：《春秋左氏疑義答問》，《章氏叢書續編》本，卷一，第15頁。

異的見解。孔子為什麼修《春秋》？章太炎斷然否認「為褒貶而作」這一傳統解釋，也不承認康有為所鼓吹的托古改制、為百世制法那一套說法。他認為，孔子身當「四夷交侵，諸夏失統」之世，深知「欲存國性，獨賴史書」；面臨「王綱絕紐，亂政亟行」的嚴重局面，一心「稟時王之新命，采桓、文之伯制，同列國之貫利，見行事之善敗，明禍福之徵兆」，以「施於亂世」；這兩者，方才是推動孔子躬為採集史記，加以刪革，以使之可以行遠的原因所在。孟子說過，《春秋》成而亂臣賊子懼，前人多解釋為孔子或褒或貶，用「正名」儆戒了那些「亂臣賊子」。章太炎認為，這一解釋過於勉強。事實是古人作史，大多為了供君上作為鞏固其統治的借鑑。史著提供了豐富的歷史經驗，「後之為上者因是以知所做，則亂賊自無所借手，何為而不懼乎？」[63]對於歷代研究《春秋》及《左傳》者，章太炎早年較多肯定賈逵、服虔等人而對杜預則多所指責，這時則轉而以杜預為唯一可取者，反映了他晚年重新篤信經古文學。

《尚書》，章太炎往昔「未甚研精」，原因在於他認為「六經之道同歸，獨《尚書》最殘缺難理」[64]，前人解說，大多為皮傅，強行疏釋，會勞而無功。後來，他的弟子吳承仕根據敦煌發現的《堯典釋文》，參照日本所藏《尚書》古本，對《尚書》作了專門研究，使他受到很大啟發。1922年12月，洛陽發現用古文、篆、隸三體刻石的石經殘碑，上面一部分為《尚書》，一部分為《春秋》，「古文、篆、隸

63　章太炎：《春秋左氏疑義答問》，《章氏叢書續編》本，卷一，第4頁，卷二上，第11頁。
64　章太炎：《〈太史公古文尚書說〉、〈古文尚書拾遺〉後序》，《章氏叢書續編》本《古文尚書拾遺》卷尾。

幾千八百字」，「凡《說文》所未錄，《經典釋文》所闕者，於是乎可考」[65]，為此，他撰寫了《新出三體石經考》。三體石經的發現，引起了他對《尚書》濃厚的興趣。他這時所撰定的《太史公古文尚書說》和《古文尚書拾遺》，力圖依據上述這些新發現的資料，對《尚書》中許多眾說紛紜、莫衷一是的詞語提出自己的訓釋。他稱自己的這兩部著作「雖發露頭角，於所不知，蓋闕如也」，目的僅在於以此書給吳承仕作「執鞭前驅」，讓吳承仕「有以恢之」[66]。

這些著作，學術上都相當嚴謹，但也確有相當濃厚的「中華民國遺民」的「遺民」氣息。《春秋左氏疑義答問》卷一首條就說：「《春秋》果垂法萬世，抑無用於今邪？按：君臣之與長屬，名號少殊，典禮有隆殺焉爾，之綱之紀，亦何差池？作亂犯上之誅，於今仍未替也。……如戎狄不稱人，所以分北異族；以地叛必書，所以嚴為國防；王人必尊于諸侯，列國不得相役屬，誘執有誅，失地示貶，並為時務為要。其餘推極成敗，表箸賢佞，經傳具有其文。斯之法戒，百代同之，安得至今而廢哉？」[67]章太炎自述：「拙著《春秋疑義答問》，……此等書，在今人觀之，不曰封建思想，則曰已陳之芻狗爾。僕亦豈敢云經世大業哉？王荊公廢《春秋》，孫莘老及蘇氏兄弟猶保存之，僕亦猶孫、蘇之志耳。」[68]他又說：「僕老不及見河清，惟有惇誨學人，保國學於一線而已。」[69]之所以將晚年可貴的歲月消

65　章太炎：《新出三體石經考》，《章氏叢書續編》本，第3頁。
66　章太炎：《〈太史公古文尚書說〉、〈古文尚書拾遺〉後序》，《章氏叢書續編》本《古文尚書拾遺》卷尾。
67　章太炎：《春秋左氏疑義答問》，《章氏叢書續編》本，卷一第1頁。
68　章太炎：《與孫思昉論時事書》（1931年10月5日），溫州圖書館藏《章太炎書箚》抄本第二冊。
69　章太炎：《與馬宗霍論文體書一》，見溫州圖書館藏《章太炎書箚》抄本第二

磨於此，系因為他對「河清」已不抱希望；致力民族文化與歷史，是為了未來中華民族尚可據以復興。然而，從對於《春秋左氏傳》及《尚書》的研治經歷，他還是看到了自己的思想與學業並未窮盡真理，而是與其他人一樣，也有著許多不足之處。所以，他覺悟到：「學問之道，當以愚自處，不可自以為智。偶有所得，似為智矣，猶須自視若愚。古人謂：既學矣，患其不習也；既習矣，患其不博也；既博矣，患其不精也。此古人進學之方也。大氐治學之士，當如童蒙，務於所學熟讀背誦，愚三次，智三次，學乃有成。」[70]這當是他自己一生治學的經驗總結。

研尋宋明理學家「治心之術」，藉以釋忿，是章太炎這一時期治學的又一重要內容。早先，他對宋明理學一直不願問津，對王陽明尤多非議。《訄書》修訂本第十篇題為《王學》，便責難「王守仁之立義至單」而又「無組織經緯」，「守仁以良知自貴，不務誦習」，而實際上是因襲舊說、綴輯故言，其學術「數傳而後，用者徒以濟詐，其言則只益縵簡粗牐」[71]。1906年，他在《民報》第九號發表的《遣王氏》，再一次認定「守仁之學至淺薄」，「其學既卑，其功又不足邵」[72]。其後，隨著他自己「真如」哲學體系逐步完成，他對王學的態度逐步有了變化。在《檢論》卷四《議王》篇中，他反對以王學從政治國，而肯定了王學「敢直其身，敢行其意」的主觀奮鬥精神。所謂「敢直其身，敢行其意」，具體地說，就是：「夫群眾所公是者，己未

冊。
70　諸祖耿：《記本師章公自述治學之功夫及志向》，《制言》第二十五期。
71　章太炎：《訄書》修訂本《王學第十》。
72　章太炎：《說林‧遣王氏》，《民報》第九號。

必厭也；精神之動，心術之流，有時犯眾。人有所公悲，誠志悃款，欲制而不已者，雖騫於太古，違於禮俗，誅絕於《春秋》者，行之無悔焉。」[73] 1917年4月，章太炎在上海發起成立「亞洲古學會」時，特別致函吳承仕，說：「僕近欲起學會，大致仍主王學，而為王學更進一步。」[74]為什麼呢？他解釋說：「今之所患，在人格墮落，心術苟偷。直授大乘，所說多在禪智二門，雖云廣集萬善，然其語殊簡也。孔、老、莊生，應世之言頗廣，然平淡者難以激發，高遠者仍須以佛法疏證，恐今時未足應機。故今先舉陽明以為權說，下者本與萬善不違，而激發稍易，上者轉進其說，乃入華梵聖道之門。」[75]與《議王》篇相較，章太炎這時除去繼續肯定了王學的主觀戰鬥精神外，還較多地肯定了王陽明的主觀唯心主義哲學，將這一哲學看作達於他的「真如」哲學的一個階梯。1924年秋，他在為《王文成公全書》所寫的題辭及後序中，重申了這些觀點。

章太炎前後對於王學評價的不同，從一個側面反映了章太炎自身前後思想的變化。前期，他對王學基本否定，表現出他敢於正視現實，對於實際進行著的革命鬥爭、對於未來充滿了信心，勇於依據實踐的發展提高與修正自己的思想與認識。後來，他對王學轉為基本肯定，則表現出在他同現實世界之間已經出現了隔閡，他對於鬥爭實際及發展前景已經產生了深刻的懷疑，但是，他又沒有足夠的勇氣與足夠的力量修正自己的思想去適應現實世界的變化，而總幻想著依靠主

73　章太炎：《議王》，《檢論》卷四，第11頁。
74　章太炎：《與吳承仕論宋明道學利病書》（1917年4月3日），《國學叢編》第一期。
75　章太炎：《與吳承仕論宋明道學利病第二書》（1917年4月12日），《國學叢編》第一期。

觀奮鬥精神可以使自己的設想、方案演化為客觀的現實。

　　蔣介石新軍閥統治建立以後，章太炎自居為「中華民國遺民」，對於宋明理學的研治與評介同先前兩個時期相比，又具特色。他對現實世界和正在進行著的政治、軍事等等鬥爭，都已漠然置之。無論是對於國家政局的發展，還是對於五花八門的救國方案與建國綱領，他都不再抱有希望與信心。這一時期，他重新批閱宋明理學家們的著作，就他先前所很少關注的心性、理氣問題發一點議論，用理學家言為自己的哲學思想體系作詮釋與印證，又用自己的哲學對理學家言進行批評與作出新解，並不是要給現實世界提供一個新的武器，他的重點還是放在整理歷史文化遺產，使自己的心緒得以從苦惱中解脫。

　　章太炎是背負著傳統思想、傳統文化的重擔走向社會、走向革命的。經過將近三分之一世紀的左衝右突，他疲乏了。他曾經向傳統提出過挑戰，曾經同舊文化英勇地搏擊過，然而，現在他失去了現實土壤的支持，因襲的重擔便反轉來壓倒了他。他重新皈依於舊文化，從中尋求慰藉與安身立命之所，以至於宣稱：「文王、孔子之教，使人與禽獸殊絕，是泛行之術也。……逮今世衰道微，邪說暴行所在蜂起，然則所以拯起之者，亦何高論哉？弟使人與禽獸殊絕耳。入則孝，出則弟，謹而信，泛愛眾，而親仁，行有餘力，則以學文，可謂弟子矣；見利思義，見危授命，久要不忘平生之言，可謂成人矣；行己有恥，使于四方，不辱君命，可謂士矣；此三者足以敦薄俗，立懦夫，於今救世之急，未有過於是者也。恢之以子路之行，博之以十五儒，義稍廣矣；語之以致良知，論稍精矣；自是而上，隨其資性，上

規閔、冉，下希明道、白沙，則視其人之所為也。」[76]文王、孔子之教，子路之行，王陽明致良知之語，統統都成了濟世良藥；孔子的弟子閔子騫、冉伯牛，程朱理學的肇始者程顥，明代「活孟子」陳獻章，被樹立為世人的楷模；章太炎確乎「身衣學術的華袞，粹然成為儒宗」[77]了。

然而，時局的發展，很快就又使得這位老人不忍心也不甘心以「民國遺民」和「寧靜的學者」終其生。時局的最大變動，就是日本帝國主義發動「九一八」事變，蔣介石嚴令東北軍「絕對不抵抗」，致使日本侵略軍只用了三個多月時間，就侵佔了我國遼寧、吉林、黑龍江三省；接著，日軍又發動了「一二八」事變，悍然進攻上海，上海人民與駐上海的國民黨第十九路軍，違背蔣介石的意願，奮起抗戰。這些事件，使章太炎受到了震動。

「九一八」事變後，僅僅一周時間，遼東與吉林千里江山便淪於日寇鐵蹄蹂躪之下。眼看自己所手創的「中華民國」將滅亡於日本侵略者之手，章太炎似乎已經寧靜的心再也不能繼續寧靜下去了。然而，他還繼續保持了一段時間緘默。他說：「東事之起，僕無一言，以為有此總司令，此副總司令，欲奉、吉之不失，不能也。東人睥睨遼東三十餘年，經無數曲折，始下毒手。彼豈不欲驟得之哉？因伺釁而動耳。欲使此畏葸怠玩者起而與東人爭，雖敝口瘠舌，焉能見聽？所以默無一言也。」[78]總司令，指的是蔣介石；副總司令，指的是時

76　章太炎：《菿漢昌言》，《章氏叢書續編》本，卷三第3—4頁。
77　魯迅：《關於太炎先生二三事》，見《且介亭雜文末編》，《魯迅全集》第六卷，第547頁。
78　章太炎：《與孫思昉論時事書》（1931年10月5日），溫州圖書館藏《章太炎書簡》

任全國陸海空軍副總司令兼東北邊防司令長官的張學良。他保持緘默，是因為深知蔣介石等當政者「畏葸怠玩」，難以指望。他保持緘默，還有另一個原因，即當時在廣東另立「國民政府」的汪精衛等人借機在反蔣，而章太炎則認為，「校論寧、粵兩方，甯方而秦檜之，粵方則石敬瑭也」，去秦求石，「其愚繆亦太甚」；但支持蔣介石抗戰，他又「逆計其人，愛國家不如愛自身，愛自身之人格尤不如愛自身之性命」；「擁蔣非本心所願，倒蔣非事勢所宜，促蔣出兵，必不見聽，是以默爾而息也」[79]。

1932年1月2日，日軍佔領錦州，中國軍隊全部撤到關內，東北三省全部淪喪。章太炎忍無可忍，終於拍案而起。1月13日，他與馬相伯、張一麐、李根源、沈鈞儒、章士釗、黃炎培等聯名發表通電，痛斥國民黨當局「守土大軍，不戰先撤，全國將領，猜貳自私，所謂中央政府，更若有若無」，要求國民黨各派首領「立集首都，負起國防責任，聯合全民總動員，收復失地，以延國命」，不然，即「應即日歸政全民，召集國民會議，產生救國政府，俾全民共同奮鬥」[80]。1月19日，他又與張一麐、沈鈞儒、李根源等聯名通電，高度讚揚東北義勇軍奮起抗戰的壯烈行動，強調「國家興亡之事，政府可恃則恃之，不可恃則人民自任之」，要求「全國智勇之士，共起圖之」[81]。

「一二八」事變中，上海軍民奮起抗戰，使章太炎受到很大鼓

　　　抄本第二冊。
79　章太炎：《致馬宗霍書》（1931年12月7日），溫州圖書館藏《章太炎書簡》抄本第二冊。
80　《國難救濟會請政府決大計》，1932年1月15日《申報》。
81　《章太炎等請國民援救遼西》，1932年1月22日《申報》。

舞。他在《書十九路軍禦日本事》中寫道：「自清光緒以來，與日本三遇，未有大捷如今者也。原其制勝之道，誠由將帥果斷，東向死敵，發於至誠，亦以士卒奮厲，進退無不如節度，上下輯睦，能均勞逸。戰劇時，至五晝夜不臥，未嘗有怨言，故能以弱勝強。」上海民眾「饋餉持橐」，救護傷患，更使他為之感動。他感慨萬分地說：「自民國初元至今，將帥勇於內爭，怯於禦外，民聞兵至，如避寇仇。今十九路軍赫然與強敵爭命，民之愛之，固其所也。」[82]從這裡，他看到了民族與國家希望之所在。為了勸告張學良出兵東北，討伐敵寇，2月23日，他離滬北上，於29日到達北京。在北京，他分訪張學良和蟄居的吳佩孚等人，大聲疾呼：「對日本之侵略，惟有一戰，中國目前只此一條路可走。不戰則無路，惟坐以待亡。戰勝無論已，不幸敗衄，至少亦可轉換世界之視聽，予以同情之援助。」[83]他寓居西城花園飯店，張學良去拜訪他，他代東南民眾呼籲出兵，慷慨激昂，「聲震屋瓦」[84]。可是，就在他赴京遊說期間，蔣介石與汪精衛集團加緊破壞上海軍民抗戰，日軍乘機增兵發動總攻，3月1日晚，十九路軍被迫撤離上海。接著，國民黨政府便派出代表，同日本侵略者就簽訂賣國的《淞滬停戰協定》進行談判。這些消息，使章太炎怒不可遏，他於是斷然拒絕出席蔣、汪策劃在洛陽召開的所謂「容納各方意見」的「國難會議」。他在致國民黨當局書中痛斥他們「視關東為不毛」，「視河朔如化外」，要求他們拿出實際行動，且先全力加強遼西與熱河的防務，不要再用空洞的許諾騙人。「軍事貴速，能斷則一言而可，不

82　章太炎：《書十九路軍禦日本事》，1932年3月5日天津《大公報》。
83　《章太炎談時局》，1932年3月8日天津《大公報》。
84　劉文典：《回憶章太炎先生》，1957年4月13日《文匯報》。

斷則眾議而無成。紛紛召集，將以奚用？若當事者志在屈伏，而以聯盟會議為分謗之機關，僕民國荒夫，焉能為黨國諸賢任過也！」[85]

在北京，他待了將近三個月，苦口婆心，卻未能如願。6月初，他返回上海。在國民黨政府的高壓政策下，抗日救亡運動暫時趨於低落。章太炎在這沉悶的政治空氣中，重新以治理經學自遣。這年夏，盛暑之中，撰成《太史公古文尚書說》與《古文尚書拾遺》；秋，應南社詩人金天翮、同光派詩人陳衍等邀請，到蘇州講了一個月的學，「範以四經而表以二賢。四經者，謂《孝經》、《大學》、《儒行》、《喪服》；二賢者，則范（仲淹）、顧（炎武）二公」[86]。冬，又在上海撰定《廣論語駢枝》。之所以「範以四經」，據他自己解釋，是因為在他看來：「自《論語》而外，括囊民義，不涉天道，莫正於《大學》；奮厲志行，兼綜儒俠，莫隆於《儒行》；導揚天性，遏絕悖德，莫尚於《孝經》；輔存禮教，維繫民俗，莫要於《喪服》。」[87]1933年1月，李根源、金天翮、陳衍等在蘇州成立國學會，「本聲應氣求之義，商討國學」[88]，章太炎亦列名為會員。而就在這時，由於長城內外形勢日益峻急，抗日救亡運動又轉趨高漲，章太炎便又放下了經書，投身到抗日救亡運動中去。

1933年1月12日，西北軍首腦馮玉祥特派代表來滬與章太炎聯絡，對章表示「拳拳服膺之意」，並致書於章，說：「邇者日寇憑凌，外侮益急，自榆關陷落以來，華北之屏藩已撤，河朔數省隨時可為東

85　章太炎：《拒絕參加國難會議書》，《章太炎選集》（注釋本），第625頁。
86　章太炎：《國學會會刊宣言》，《國學商兌》第一卷第一號。
87　章太炎：《與吳齋書》（1932年7月14日），《制言》第十二期。
88　《國學會簡章》，《國學商兌》第一卷第一號。

北三省之續。黃帝子孫其遂將低首下心、甘為夷虜乎？舉目河山，日蹙月削，忿憤之懷，曷可言耶！……倘有赴難之機，絕不惜一切之犧牲也。」[89]章太炎從馮玉祥的軍事準備中看到了「一線光明，令人有望」，立即覆信，對於馮玉祥的部署給予支持，讚許馮「為國干城，出於真性」，並首次明確指斥了蔣介石大敵當前、卻仍傾其全力於「剿共」的反動政策：「觀當局處事，只以規避為能。外患方亟，而彼又託名剿共，隻身西上。似此情形，恐有如前清西太后所言『甯送朋友，不送家奴』。此雖剖出心肝而與之言，亦未見聽從也。」[90]3月，熱河全省淪陷，章太炎通電全國，對蔣介石「剿共」賣國政策公開進行譴責。他在通電中寫道：「國民政府成立以來，勇於私鬥，怯於公戰。前此瀋陽之變，不加抵抗，猶謂準備未完。逮上海戰事罷後，邊疆無事者八九月，斯時正可置備軍械，簡練士卒，以圖最後之一戰。乃主持軍事者絕不關心於此，反以剿匪名義，自圖規避。馴自今日熱河釁起，才及旬餘，十五萬軍同時潰退。」為此，他提議：「應請以國民名義，將此次軍事負責者，不論在南在北，一切以軍法判處，庶幾平億兆之憤心，為後來之懲戒。」[91]章太炎的這些言論，特別是他不滿蔣介石軍事「剿共」的思想動向，使蔣介石一夥如同芒刺在身。身任國民黨中央監察委員兼黨史編纂委員會主任委員的張繼受命勸告章太炎：「大哥當安心講學，勿議時事。」章太炎悲憤地給張繼寫去一信，責問張繼：「吾輩往日之業，至今且全墮矣，誰實為之？吾輩安得默爾而息也？」「棟折榱崩，吾輩亦將受壓。而弟欲使

89　馮玉祥：《致章太炎書》（1933年1月12日），抄件。
90　章太炎：《致馮玉祥書》（1933年1月29日），《歷史檔案》1981年第二期。
91　章太炎：《致全國軍民電》、《章太炎選集》（注釋本），第626—627頁。

人人不言，得無效屬王之監謗乎？」他在信中還特別指出：「吾之於人，不念舊惡，但論今日之是，不言往日之非。五年以來，當局惡貫已盈，道路側目。及前歲關東事起，吾於往事，即置之不言。幸其兵力尚盛，謂猶有恢復之望也，不圖侵尋二歲，動與念違。……年已耆艾，唯望以中華民國人民之名表吾墓道，乃今亦幾不可得。」[92]

1933年春、夏間，在長城沿線，多次發生同日軍的激戰。3月，宋哲元部在喜峰口一帶阻擊日軍，章太炎立即與馬相伯、沈恩孚聯名發表「三老宣言」，號召人們「以赴湯蹈火之精神，予前線將士以物質之補助與精神之安慰，以鼓勵其為民族生存而奮鬥之勇氣」[93]，又單獨致書宋哲元，要他在國民黨當局對日妥協時，應當「便宜從事」即不理睬當局的亂命[94]。5月26日，馮玉祥在張家口就任察哈爾抗日同盟軍總司令，隨即發動了察哈爾抗戰。章太炎與馬相伯致電馮玉祥：「執事之心，足以代表全國有血氣者之心；執事之言，足以代表全國有血氣者之言；執事之行，必能徹底領導全國有血氣者之行。某等雖在暮年，一息尚存，必隨全國民眾為執事後盾。」[95]察哈爾抗戰因蔣介石、汪精衛的掣肘破壞而受挫，馮玉祥被迫去職。章太炎對馮深表同情，又專門致書馮玉祥說：「自察事結束後，華北形勢，愈走愈歧。主軍政者雖一意媚日，而日又不受彼之媚。南方則赤軍熾盛，當之輒敗。料彼固無自存之理，然繼之者亦甚棘手矣。」[96]

92　章太炎：《答張繼》（1933年4月8日），《章太炎選集》（注釋本），第631—633頁。
93　《三老宣言》，1933年4月2日《申報》。
94　章太炎：《致宋哲元書》（1933年4月4日），《章太炎選集》（注釋本），第629頁。
95　《馬相伯、章太炎電勉馮玉祥》，1933年6月2日《申報》。
96　章太炎：《致馮玉祥書》（1933年10月10日），《歷史檔案》1981年第二期。

這時，國民黨當局加緊取締抗日言論，壓制愛國運動，抗日救亡的熱潮又為陰鬱沉悶的空氣所代替。章太炎於是發起成立「光復學會」。他說：「竊意國之存亡，只視人材盛衰。當今可與共安危者，蓋亦少數而已。不有人材踵起，危局斷難支援。頃與友人發起光復學會，意在以學術振起人心，其效雖緩，然亦可以不敝。」[97]1934年冬，他又發起籌設章氏國學講習會。1935年春，章太炎突然患鼻衄（即鼻咽癌），蔣介石派遣丁惟汾專程來蘇「致中央問疾之意」，且以「都下故人」名義饋贈一萬元，作為章氏療疾的醫藥費。[98]章太炎就用這筆錢作為開設章氏國學講習會的經費。4月，開辦了章氏星期講演會，共講六期，各期講題分別為《說文解字序》、《白話與文言之關係》、《論讀經有利而無弊》、《論經史實錄不應無故懷疑》、《再釋讀經之異議》、《論經史儒之分合》，一一都有記錄單行出版，許多宣導尊孔讀經及鼓吹所謂「中國本位文化」的報刊也廣為刊載。9月，又正式開設章氏國學講習會，錄取了一百多名學生，由他本人主講小學、經學、史學、諸子學略說，由他的弟子分講各專題課。同時，創辦《制言》雜誌，作為他們宣揚和研治「國學」的專門陣地。這時，章太炎已舉家遷到蘇州，先住在侍其巷雙樹草堂，後遷入錦帆路五十號新居。章氏國學講習會即設在這裡。學員們在這裡討論著《堯典》的真偽、古聲韻上的發明，似乎又不復食人間煙火。然而，章太炎並未忘卻日寇的鐵蹄。當日本加緊蠶食華北時，章太炎便在私人書信中寫道：「平津事狀如此，不過二年，金陵王氣亦收耳。當局尚禁人議

97　《光復學會之回憶及文獻》，抄件。
98　章太炎：《與王宏先書》（1935年4月5日），溫州圖書館藏《章太炎書簡》抄本第二冊。

論外交，挑撥惡感，何哉？豈謂南宋諸公為之未工，而欲以後來居上耶？事敗後，宦囊飽者不過向歐美一溜，吾輩寠人，坐作亡國奴矣。邇來講學，仍自竭力，非曰好為迂闊，自靖自獻，舍此莫由。」[99]

　　1935年12月9日，北京學生舉行聲勢浩大的示威遊行，全國各地學生紛紛響應，形成了抗日救亡運動前所未有的高潮。章太炎「對學生愛國運動，深表同情」，堅決反對國民黨政府當局對愛國學生「貿然加以共產頭銜，武力制止」[100]。他曾專門致電平津衛戍司令說：「學生請願，事出公誠。縱有加入共產者，但問今之主張何如，何論其平素？」[101]1936年1月29日，他給馮玉祥寫了一封長信，指出：上下相疑，人心漸去，賞罰倒置，這三者是國民黨政府的致命傷，也是日寇之所以能夠橫行於中國的主要條件。這三者不根本消除，只講所謂購械、練兵，「縱令械精兵練，適為淵驅魚，為叢驅雀耳。」為此，他要求國民黨當局真正做到「應之以實不以文，行之以誠不以詐」[102]。5月，蔣介石親筆致函章太炎，「屬以共信濟艱之義，勸誘國人」。6月4日，章太炎特地函覆蔣介石，告誡他：對於國人，「言之非難，欲其心悅誠服則難。……若欲其殺敵致果，為國犧牲，此在樞府應之以實，固非可以口舌致也。」[103]

　　這封答蔣介石書，成了章太炎陳述自己政見的最後一篇文字。在

99　章太炎：《與王宏先書》（1935年6月19日），溫州圖書館藏《章太炎書箚》抄本第二冊。
100　《請願學生抵昆蘇後昨晚有一部學生返滬》，1935年12月26日《申報》。
101　章太炎：《致宋哲元電》，影印手跡，見沈延國《記章太炎先生》扉頁。
102　章太炎：《致馮玉祥》（1936年1月29日），《歷史檔案》1981年第二期。
103　章太炎：《答某書》（1936年6月4日），溫州圖書館藏《章太炎書箚》抄本第二冊。參閱馮自由：《記章太炎與餘訂交始末》，章氏「嘗致書蔣委員長痛陳抗戰禦侮大計，辭甚激切」。

寫這封信前兩三天，他鼻子裡一塊腫瘤突然脫落，身體就已不適。在寫了這封信以後不過10天，6月14日上午7時45分，他就因鼻咽癌、膽囊炎、瘧疾、氣喘病併發，溘然長逝。7月6日，國民政府發佈國葬令，說：「宿儒章炳麟，性行耿介，學問淹通。早歲以文字提倡民族革命，身遭幽系，義無屈撓。嗣後抗拒帝制，奔走護法，備嘗艱險，彌著堅貞。屈恒研精經述，抉奧鉤玄，究其詣極，有逾往哲。所至以講學為事，巋然儒宗，士林推重。」[104]張群唁電稱章太炎為「革命先進，國學大師」[105]。錢玄同挽聯對章太炎一生作了一個概括：「纘蒼水、寧人、太沖、薑齋之遺緒而革命，蠻夷戎狄矢志攘除，遭名捕七回，拘幽三載，卒能驅逐客帝，光復中華，國土雲亡，是誠宜勒石紀勳，鑄銅立像；萃莊生、荀卿、子長、叔重之道術于一身，文史儒玄殫心研究，凡著書廿種、講學卅年，期欲擁護民彝，發揚族性，昊天不吊，痛從此微言遽絕，大義無聞。」[106]魯迅專門寫了《關於太炎先生二三事》，說：「我以為先生的業績，留在革命史上的，實在比在學術史上還要大。……考其生平，以大勳章作扇墜，臨總統府之門，大詬袁世凱的包藏禍心者，並世無第二人；七被追捕，三入牢獄，而革命之志，終不屈撓者，並世亦無第二人；這才是先哲的精神，後生的楷範。」[107]這是對章太炎一生公允的評價。

104　1936年7月10日《中央日報》。
105　《制言半月刊》第二十期。
106　《制言半月刊》第二十六期。
107　《魯迅全集・且介亭雜文末編》。

■ 附錄一　章太炎生平與學術行年

1868年（同治七年）

十一月三十日（1869年1月12日）生於浙江杭州府余杭縣東鄉倉前鎮。父名濬，字輪香，時正在杭州府知府譚鐘麟幕中。母朱氏。兄箴、箋。

初名學乘，後改名炳麟，字枚叔，號太炎。

1869年（同治八年）

譚鐘麟擢授河南按察使，章濬返余杭任縣學訓導，兼杭州詁經精舍監院。

1873年（同治十二年）

開始入塾就讀。

1876年（光緒二年）

外祖父朱有虔從海鹽來親自課讀，根據清代漢學由聲音、文字以求訓詁、由訓詁以求義理的治學要求，對外孫嚴格要求，使他從小便在文字音韻方面受到嚴格訓練。

1877年（光緒三年）

章濬被革去訓導一職。

1880年（光緒六年）

外祖父課讀四年後返回海鹽。父親親自督教，課以律詩及科舉文字。

1881年（光緒七年）

讀到蔣良騏的《東華錄》，見到清代文字獄的記錄，心中憤激，時發狂論：「明亡於滿清，不如亡於李自成！」

1883年（光緒九年）

奉父命赴余杭縣應童子試，這是為取得生員即秀才資格而舉行的初級考試。考試中途，癲癇症突然發作，不得不退出。此後，父親同意他不再耗費精力去作八股制義，他因此得以專心學業。

1884年（光緒十年）

初讀《史記》、《漢書》、《後漢書》、《三國志》、《文選》及《說文解字》，通過了解字義、訓詁了解史傳。

1885年（光緒十一年）

讀顧炎武《音學五書》、王引之《經義述聞》、段玉裁《說文解字注》、郝懿行《爾雅義疏》等一批文字音韻學方面的權威性著作，在其兄章籛指導下，一意治經，文必法古。

1886年（光緒十二年）

從這一年開始，用了兩年時間通讀了《學海堂經解》一百八十八種共一千四百零八卷。

得《明季稗史》十七種和王夫之《黃書》，受到明末清初反滿思想很深影響。

1888年（光緒十四年）

通讀《南菁書院經解》二百零九種一千四百三十卷，兼治老、莊、荀、韓諸子著作及史傳。

1890年（光緒十六年）

父親去世。離家赴杭，進入詁經精舍從俞樾學習，並向高治平問經，向譚獻問文辭法度。

始讀《通典》，其後反覆研讀七八遍。

1891年（光緒十七年）

開始撰寫《膏蘭室箚記》，對《管子》、《墨子》、《呂氏春秋》、《淮南子》等諸子著作及《詩》、《禮》、《易》、《春秋》等經書進行考釋駁論。由是書可知，在此期間，他已相當認真而廣泛地閱讀了江南製造局、同文館、廣學會所出版的西學書籍，故箚記中多處引用歐幾里得《幾何原本》、侯失勒《談天》、雷俠兒《地學淺釋》等書。箚記共四冊，約用三年左右時間寫成，生前未刊刻。

1892年（光緒十八年）

開始撰寫《春秋左傳箚記》，所見輒錄，不隨經文編次。該書歷時五年方寫成。

1895年（光緒二十一年）

母去世。

《詁經精舍課藝文》第七集刊刻問世，內收錄章文十七篇，俱光緒十六年至十九年之作。

1895年（光緒二十一年）

十月（11月），康有為在滬設立上海強學會，章納會費十六元加入。

1896年（光緒二十二年）

撰成《春秋左傳箚記》，更名為《春秋左傳讀》，共九卷九百則，詮釋古言古字、典章名物，疏證《左傳》體例、傳授統系。另撰《駁箴膏肓評》等。

七月（8月），《時務報》在滬創刊，梁啟超任主筆，汪康年任經理。章氏為該刊撰稿，歲末離開詁經精舍，並被邀請至滬任《時務報》筆政。

1897年（光緒二十三年）

春，因閱西報，知倫敦使館有逮捕孫文之事，對孫蓄志傾覆清政府心

甚壯之。

三月（4月），因不同意康、梁昌言建立孔教，與時務報館內康氏門徒大哄，憤而離開時務報館。返杭撰《新學偽經考駁議》。

《詁經精舍課藝文》第八集刊成，內收章氏課藝二十一篇，系光緒二十年至二十二年間所作。

五月（6月），在杭州與宋恕、陳虯等發起成立興浙會，號召振興浙江，進而振興中國、振興亞洲。

七月（8月），與宋恕等創刊《經世報》，任總撰述，發表《變法箴言》等文。

八月（8月），與王仁俊等創刊《實學報》，任主筆，後因與王思想不合，便不再為該刊供稿。

十月（10月），與惲積勳、董康等組織譯書公會，創刊《譯書公會報》，任主筆。

1898年（光緒二十四年）

年初，德軍強佔膠州灣、俄軍侵入旅順港、英法等國乘機覬覦息壤，瓜分之形日著，為此上書李鴻章，要求聯合日本以阻遏俄、英、德、法勢力的擴張。

三月（3月），赴武昌，應張之洞之邀擬主持《正學報》。因不贊成張之洞「中學為體，西學為用」的主張，流露了反對清王朝統治的情緒，被逐返滬。

七月（9月），汪康年將《時務報》改名為《昌言報》，章被聘為主筆。

八月（9月），慈禧太后發動政變，使百日維新失敗，譚嗣同等六君子被殺。章氏打算設奠黃埔，寫了《祭維新六賢文》，並發表了《書漢以來革政之獄》，結合歷史總結改革運動失敗經驗。

十月（12月），因被清廷列名通緝，離滬赴臺北，任《臺灣日日新報》特約撰述。

1899年（光緒二十五年）

春，同康有為、梁啟超等書信往還，在梁啟超主編的《清議報》上發表詩文多篇，其中以《儒術真論》、《菌說》、《客帝論》為最重要。

五月（6月），應梁啟超及留日學生監督之邀，東遊日本，首次會見孫中山。

七月（8月），由日返滬，並由滬轉浙。

夏秋間，編定論學論政的第一部專著《訄書》，包括文五十篇，由梁啟超題名，木刻印行。

孟冬，北游天津，但餓莩滿陵原，猛獸據關隘，他愈加深切感到不進行推翻滿清統治的革命，中國必難以振興。

1900年（光緒二十六年）

年初，因被列名各省寓滬紳商反對立大阿哥及廢黜光緒的通電，又一次被緝捕。

五月（6月），八國聯軍進軍津、京，清廷決定宣戰，劉坤一、張之洞等商定「東南互保」。章太炎致書李鴻章、劉坤一，策動他們據兩廣、兩江獨立。

七月（7月），唐才常在上海召集中國議會，推容閎、嚴復為正副會長。章氏反對以勤王為目標，並剪去辮髮，公開與清廷及保皇主義決裂。

七月（8月），唐才常組織自立軍漢口起事失敗，章氏因曾列名自立會與中國議會，又一次被指名追捕。

1901年（光緒二十七年）

正月，在余杭家中度歲，因捕者跟蹤而至，避走僧寺，復出上海，居

友人家中。

夏，為駁斥梁啟超《積弱溯源論》，撰《正仇滿論》，發表於東京出版的《國民報》。

七月，赴蘇州至東吳大學任教，繼續宣傳革命。

1902年（光緒二十八年）

正月朔旦，正在家中過年，獲悉清廷捕者即至，匆匆經滬附日本舟東渡走避。

三月（4月），與秦力山、孫中山等在東京舉行中夏亡國二百四十二年紀念會，為日本警方阻撓，改在橫濱舉行。

在日停留三月，與孫中山密切往還，共商革命大計。

四月（5月），由日返國，潛回鄉里，刪革《訄書》，著手編寫《中國通史》，並為廣智書局潤飾譯稿。

1903年（光緒二十九年）

二月（3月），應蔡元培之邀，赴滬至愛國學社任教，參加中國教育會活動，經常至張園發表革命演說。

三月（4月），留學日本的鄒容、張繼、陳獨秀因強行剪去湖北留學生監督姚文甫的辮子，懸於留學生會館示眾，被迫秘密回國。章太炎與他們相識，並同鄒容、張繼及由南京陸師學堂退學來愛國學社的章士釗結為兄弟。

四、五月（5、6月），撰《駁康有為論革命書》，為鄒容《革命軍》作序，將《蘇報》變成宣傳革命的喉舌，引起強烈社會反響。

閏五月（6、7月），清廷與租界當局勾結，逮捕章太炎、鄒容等，引發了震動中外的《蘇報》案。章太炎、鄒容等在法庭上堅持鬥爭。

十月（12月），會審公廨額外公堂判處章、鄒二人永遠監禁，輿論大

嘩，領事團被迫宣佈判決無效。

1904年（光緒三十年）

四月（5月），清外務部會同各國公使共同決定章監禁三年，鄒監禁二年，罰作苦工，期滿驅逐出租界。章、鄒被移送上海西牢關押。

在獄中的章、鄒從事苦役，並受到獄卒虐待。為此，他們絕食抗議，堅持七日，後改事裁縫役作，並獲准閱讀《瑜珈師地論》、《因明入正理論》、《成唯識論》等書籍。

冬，推動蔡元培、陶成章建立光復會。

《訄書》修訂本由日本東京翔鸞社於4月鉛印出版，10月加圈點重印，隨後又多次重印。修訂後的《訄書》，包括前錄二篇，正文六十三篇，由鄒容題寫書名。

1905年（光緒三十一年）

二月二十九日（4月3日），鄒容暴卒於獄中。章太炎獄中境遇引起輿論關注。在各方調護下，章氏改任炊務。

1906年（光緒三十二年）

五月八日（6月29日），三年監禁期滿出獄，當晚即在同盟會總部派來迎接的代表陪同下，離滬赴日。

五月十六日（7月7日），由孫中山主盟，孫毓筠介紹，加入同盟會，接任同盟會機關報《民報》總編輯和發行人。

九月（10月），孫中山由南洋返回日本，章氏與孫中山、黃興每日相聚，共同制定革命方略。

夏、秋間，建立國學振起社，舉辦國學講習會，作了《論語言文字之學》、《論文學》、《論諸子學》等講演。

是年，在《民報》發表《演說錄》、《俱分進化論》、《無神論》、《革

命之道德》、《建立宗教論》、《箴新黨論》、《人無我論》、《軍人貴賤論》
等一批重要論文。

1907年（光緒三十三年）

三月（4月），與幸德秋水、保什等宣導組織亞洲和親會，參加者有中、日、印、安南、菲律賓等國志士，以反抗帝國主義，期使亞洲已失主權之民族各得獨立為宗旨。

七月（8月），劉師培、張繼等創辦社會主義講習會，發刊《天義報》，章氏積極支持，並在講習會中作了《國家論》等演講。

春、夏間，因日本當局迫令孫中山離境，參加同盟會的八名日本人互相克伐，在同盟會領導層中挑起了誤會與糾紛，章氏曾與張繼等要求罷免孫同盟會總理職務，因黃興等力謀調解，風波暫時平息。

十一月（12月），因腦病發作，辭《民報》總編輯職，《民報》第十九號至第二十二號改由張繼、陶成章總編。是年，在《民報》發表《社會通詮商兌》、《討滿洲檄》、《中華民國解》、《五無論》、《定復仇之是非》、《國家論》等論文。

撰《新方言》，在《國粹學報》連載。

1908年（光緒三十四年）

春、夏間，複任《民報》總編輯兼社長。除揭露清廷偽立憲外，還同《新世紀》展開論戰。這期間，在《民報》上發表了《排滿平議》、《駁神我憲政說》、《駁中國用萬國新語說》、《哀陸軍學生》、《革命軍約法問答》、《四惑論》、《代議然否論》、《規新世紀》等一批論文和多篇時評。

二月至九月（3月至10月），為留學生開設講座，講授《說文》、《莊子》、《楚辭》、《爾雅》等。為朱希祖、錢夏（玄同）、周樹人、周作人、龔寶銓、許壽裳等單獨開設一班，另行講授。

九月（10月），日本政府為誘使清廷在東北作出更多讓步，接受清廷要求，勒令《民報》停止發賣。章氏向日本內務大臣及員警總監等提出強烈抗議。

十月（11月），日本當局對章氏威脅利誘不成，由東京地方裁判所對章開庭審訊。12月12日判決《民報》禁止發行。

完成《新方言》一書。

1909年（宣統元年）

繼續在東京講學，撰寫《莊子解詁》、《小學答問》等著作。

七月（8月），《新方言》刊於日本東京。為在南洋籌款受挫，陶成章遷怒於孫中山，於是月向同盟會總部提出罷免孫中山總理職務的要求。章氏表示同情。

九月（10月），汪精衛從南洋到東京秘密籌備《民報》復刊，自行編輯出版了《民報》第二十五號和第二十六號。章太炎見自己完全被排斥於事外，撰寫了《偽民報檢舉狀》，斥責汪精衛，詞連孫中山。由此，以章太炎、陶成章為一方，以孫中山、黃興為一方，雙方在報刊上互相攻訐，彼此傷害，導致同盟會組織上逐步分裂。

1910年（宣統二年）

正月（2月），光復會在東京重新建立，章太炎任會長，陶成章任副會長，以《教育今語雜誌》為公開的對外聯絡機關，在南洋成立行總部，代總部行事。

夏，黃侃創辦《學林》雜誌，刊登章太炎《文始》、《五朝學》、《封建考》、《信史》、《思鄉願》、《秦政記》、《秦獻記》、《醫術平議》等許多重要論著。

是年，撰定《文始》、《齊物論釋》。編定《國故論衡》，由日本秀光

社鉛字排印出版，上卷小學十篇，中卷文學七篇，下卷諸子學九篇。

是年，還對《訄書》再次修訂，原件現存北京圖書館。

1911年（宣統三年）

繼續在東京講學。

八月十九日（10月10日），武昌起義。消息傳到東京，章氏中斷講業。

九月初五（10月25日），以中國革命本部名義在東京發佈《中國革命宣言書》。在此前後，還發佈《致滿洲留日學生書》、長篇論文《誅政黨》及《支那革命黨及秘密會社序》等。

九月十三日（11月3日），上海光復。章氏聞訊後，即離東京赴神戶，於11月11日乘輪離日返滬，11月15日回到上海。

十、十一月（11、12月），章氏返國後，勸說吳淞都督李燮和去都督稱號，改稱總司令，奉程德全為江蘇全省都督，結束江蘇一省五都督的局風；積極支持攻甯、援鄂；要求承認武昌軍政府為中央臨時政府，在民選總統前，首領只宜稱元帥、副元帥；建議以黎元洪為元帥，黃興為副元帥；與程德全共同倡議建立中華民國聯合會；為反對以一黨組織政府，致電各省代表會議議長譚人鳳，宣導「革命軍興，革命黨消，天下為公，乃克有濟」。

1912年（中華民國元年）

1月3日，中華民國聯合會在上海江蘇教育總會開成立大會，正式成立，章太炎、程德全分任正、副會長。次日，《大共和日報》創刊，章氏任社長。

1月14日，陶成章在滬被刺身死。其先，因浙江都督湯壽潛被任命為南京臨時政府交通總長，章太炎推薦陶成章繼任浙督。陶死，光復會勢力

大挫。

2月初，孫中山任命章氏為總統府樞密顧問。2月7日，章氏至南京與孫中山晤面，旋即返滬，不久，即為反對以將漢冶萍公司改為中日合辦為條件向日本財團借款，以及反對建都南京而要求繼續以北京為首都，同孫中山發生衝突。

3月2日，中華民國聯合會改組為統一黨，章太炎、張謇、程德全、熊希齡、宋教仁當選為理事。主張統一全國建設，強固中央政府，促進完美共和政治。

4月9日，被袁世凱聘為總統府高等顧問。

4月下旬，離滬抵京，在京活動。

5月9日，統一黨與共和建設討論會、民社等合併組成共和黨，黎元洪當選為理事長，張謇、章太炎、伍廷芳、那彥圖為理事。

6月5日，章氏在北京重組統一黨，被推為該黨總理。

7月下旬至8月中旬，訪武漢，會見黎元洪，答應擔任共和黨理事，邀請黎元洪擔任統一黨名譽總理。

8月下旬，因不滿共和黨、統一黨現狀，宣佈脫黨，並要求袁世凱、黎元洪、孫中山三人都超然於所有黨派之外。

10月，沙俄加緊脅迫外蒙當局簽訂《俄蒙協約》與其附約《商務專條》，日本亦加緊經營東北。章氏赴東北奉天、長春、哈爾濱等處就此進行考察，返京後上書袁世凱，要求加強漠北與塞外的建設，但未有結果。

12月1日，發表《發起根本改革團意見書》，要求推進政治革命，認為「革命小成，力未及於政治則亂；革命大成，力已及於政治則治」。

12月下旬，袁世凱任命章氏為東三省籌邊使，但一不撥給經費，二不給予編制，只是一個虛名。

1913年（民國二年）

1月3日，章太炎離京赴長春，於舊道署衙門設籌邊使署，率領很少幾名隨員到處勘查，擬定發展東北實業計畫書，但處處受到掣肘，無法有所作為。

1月27日，返京向袁面陳東三省情形，毫無成效。

2月中旬，再度赴長春，率員實地測量運河開鑿線路。

3月20日，宋教仁在滬被刺身死，章氏要求查究元兇。

4月17日，章氏從長春趕回上海，與孫中山、黃興等共謀解決宋案對策，要求剷除腐敗、專制。

5月上旬，通電要求罷黜四凶：梁士詒、趙秉鈞、陳宧、段芝貴，翦除袁世凱羽翼。

5月中旬，赴武漢遊說黎元洪。

5月下旬，袁世凱下令授予章氏勳二位。章氏到京與袁面爭。

6月4日，離京南返回上海。

6月15日，由蔡元培主婚，與湯國梨在哈同花園舉行婚禮。

6月18日，致電袁世凱及國務院，辭去東三省籌邊使職務。

7月12日，李烈鈞在江西興師討袁，二次革命爆發，旋即失敗。黃興、孫中山先後離滬赴日，再度流亡。

8月，章氏不願再次亡命，為推動國民黨、共和黨議員合作，利用國會制定憲法及選舉總統的機會同袁世凱一搏，決定冒危入京。

8月11日，章太炎抵達北京，住化石橋共和黨本部。袁氏黨羽立即派四名巡警對章氏出入行動嚴密監視。

9月下旬，發表《駁建立孔教議》，反對定孔教為國教。

10月，袁世凱強迫國會選舉他為正式大總統，章太炎痛罵袁賊。幾次

欲南歸，都被軍警阻止。

11月，袁世凱企圖以國史館總裁及開設弘文館為餌，誘使章氏緘口，為章所嚴詞拒絕。袁氏所派軍警加緊對章監視。

12月，在共和黨本部會議廳開辦國學會，由章主講經學、史學、玄學、小學。

1914年（民國三年）

1月，章太炎決定冒死出京。7日晨，他隻身一人赴總統府要求面見袁世凱。總統府秘書長梁士詒、國務總理熊希齡出面與章虛與委蛇。延至下午，章將招待室器物擊毀幾盡，被憲警押往石虎胡同軍事教練處拘禁起來。消息傳出，輿論譁然。

2月20日，被移送南下窪龍泉寺，由京師員警廳總監吳炳湘負責監視。關於時局的所有文字均禁止外傳。

6月上旬，因幽居五個月，深為憤疾，開始絕食，持續七八日。引起各方關切。

6月16日，被移至本司胡同鐵如意軒醫院，表面上撤走軍警，章始復食。

7月24日，經黎元洪等再三疏解，遷入東四牌樓錢糧胡同一家民房，由巡警充當門衛。但黃侃、錢玄同、吳承仕、周樹人、朱希祖、許壽裳、馬裕藻等一批學生獲准可以前來探視。獲得一定讀書和寫作的條件。

秋、冬，開始修訂《訄書》，改名為《檢論》。

12月，因為與章氏同住的黃侃突然被員警強制遷走，章氏再次絕食。經弟子再三勸解，吳炳湘答應放鬆對章氏門人及友朋入訪的限制，他方才復食。

1915年（民國四年）

4月，上海國學書室出版錢須彌編《太炎最近文錄》，收錄章氏辛亥以來文電演說。章太炎對此書深為不滿。

5月，《國故論衡》增訂完畢。《檢論》定稿，共分九卷，正文六十篇，附錄七篇，大半為新寫或據《訄書》舊稿重新寫定。

7月，上海右文社出版《章氏叢書》，鉛字排印，共兩函二十四冊，包括《春秋左傳讀敘錄》一卷、《劉子政左氏說》一卷、《文始》九卷、《新方言》十一卷附《嶺外三州語》一卷、《小學答問》一卷、《說文部首韻語》一卷、《莊子解故》一卷、《管子餘義》一卷、《齊物論釋》一卷、《國故論衡》三卷、《檢論》九卷、《太炎文錄初編》文錄二卷別錄三卷。

8月，楊度、孫毓筠等成立籌安會，要求改共和國體為帝制。章太炎用七尺宣紙篆書「速死」二字高懸於壁，表示絕不與帝制共存。

冬，口述玄理，令吳承仕筆述整理，是為《菿漢微言》。為反對袁世凱復辟帝制，秘密聯絡張謇、黎元洪等，籌劃倒袁事宜。

1916年（民國五年）

春，完成《菿漢微言》。

1月，護國戰爭爆發，章太炎大為興奮，圖謀出京，未成。

4月，為阻遏南軍中以袁世凱退位為息兵條件的妥協傾向，撰寫一份《對於時局之意見書》，托日本正金銀行職員攜出，轉交南軍，要求南軍不要半途而廢。

5月18日，在日本海軍軍官安排下，以看病為名，換上和服，企圖乘火車去天津轉道南下，被監視的巡警發現，中途被強行截回。

6月6日，袁世凱殞命。7日，黎元洪繼任大總統。由於身為內務總長的王揖唐多方留難阻撓，至16日方才獲得自由。26日離京南下。

7月，返回上海，複返杭州。一再通電，反對取消南方各省獨立和軍務院，要求清除盤踞於中央的「國蠹」。但這些呼籲都未能奏效。

7月中、下旬，與孫中山、黃興等在滬相會，強調帝制餘孽猶未剿除，墨吏貪人佈滿朝列，非震以雷霆霹靂之威，不足以廓清。

8月下旬，南下兩廣護國軍都司令所在地廣東肇慶會見岑春煊、李根源等，責問他們餘孽猶在，段祺瑞專恣，大難未已，何以輕於收束若是。見南方無可與謀者，遂出遊南洋群島。

12月初，由南洋返滬。時黃興已去世，馮國璋被選為副總統。

知大亂之將作，便留住於滬。

1917年（民國六年）

1月，拒絕擔任國史館館長一職。

2月，致電黎元洪，反對加入協約國參加第一次世界大戰。

3月，在上海發起成立亞洲古學會，以研究亞洲文學、聯絡感情為宗旨。

5月，為參戰事，黎元洪與段祺瑞矛盾激化，黎免去段總理職務。章太炎與孫中山等多次通電支持黎。

7月，張勳擁廢帝溥儀復辟，段祺瑞起兵「討逆」，馮國璋取代黎為總統。章氏與孫中山等離滬赴粵，發動護法戰爭。

8月25日，齊集於廣州的議員舉行非常國會。

9月1日，軍政府於廣州成立，孫中山為大元帥，章太炎為秘書長。

9月，被任命為軍政府總代表，經越南轉道去昆明，賚送軍政府元帥印信給唐繼堯，說服唐支持護法。

11月，唐繼堯組織滇黔聯軍進軍四川，章氏被任命為聯軍總參議，隨營行動。

12月4日，滇黔聯軍攻佔重慶。孫、章一再要求唐率軍順流東下，皆為唐所拒絕，章遂離開唐繼堯駐地雲南畢節赴東川。

1918年（民國七年）

　　春，在重慶等地講學。為推動唐繼堯所統領的滇、川、黔三省靖國聯軍和譚浩明所率領的湘桂聯軍進攻武漢，繼續不斷努力，俱無成效。

　　5月，護法軍政府改組為七總裁合議制，岑春煊任主席。孫中山辭軍政府大元帥職，離粵返滬。章太炎見護法事已無可為，離川入鄂，至利川蔡濟民部駐地。欲歸鄉里，中阻宜昌，遂轉往恩施唐克明軍部駐地，在該地考察達兩月。

　　7月，由恩施去來鳳，在吳醒漢屯兵處逗留考察達兩月。

　　9月，離恩施進入湘西，自沅陵出常德，渡洞庭，至夏口。

　　10月11日，返歸上海。

　　12月初，發表長信，曆述自己為唐繼堯等參議的經過，揭露西南軍閥所持乃「部落主義」，割據一方，斷言「西南與北方者，一丘之貉而已」。

1919年（民國八年）

　　2月，在滬組織護法後援會。

　　2月至5月，北洋政府徐世昌總統派遣朱啟鈐同護法軍政府總代表唐紹儀在滬會談議和。章太炎不斷揭露徐世昌陰謀，八次致書唐紹儀，道其隱情，堅決反對同北洋政府妥協和議。五四運動中，上海國民大會指責南北和議為附賊，使和議不得已中斷。

　　8月以後，南北議和恢復，章氏繼續持反對態度。

　　《章氏叢書》浙江圖書館刊本問世，較上海右文社版新增《齊物論釋》重定本、《太炎文錄初編》補編、《菿漢微言》三種，校勘頗精，改正了右文社版不少差錯。

1920年（民國九年）

1月至3月，身患黃疸，病臥。

4月，勸導川軍熊克武與湘軍譚延闓互為唇齒援，建立川、湘同盟。是為宣導聯省自治之先河。

6月，熱病大作，幾死。病中聞湘軍克長沙，喜甚，兼以藥治，熱病尋愈。念軍政府勢力日衰，宣導建立各省自治同盟，以抗拒北洋軍閥。接受章士釗建議，易自治同盟名為聯省自治。

9月，已病癒返余杭舊居探視。

9月至10月，應譚延闓之邀至長沙，以聯省自治說其人士，並勸說川軍將領支持這一主張。

11月，發表《聯省自治虛置政府議》。

1921年（民國十年）

1月，發表與各省區自治聯合會電，主張以各省自治為第一步，聯省自治為第二步，聯省政府為第三步。

1月至2月，支持四川劉湘、但懋辛實行川省自治。

5月，廣東選舉孫中山為非常大總統。孫邀請章太炎赴粵相助，章堅持聯省自治主張，未應聘。

6月，浙江督軍盧永祥宣佈自治，章太炎認為盧只宜宣佈自主，唯有浙人方可昌言自治。之所以如此，是因為章認為，盧並無真正進取之心。

《太炎學說》上、下卷由四川觀鑒廬印行，上卷為章氏1918年在四川講演記錄，包括《說新文化與舊文化》、《說今日青年的弱點》、《說求學》、《說真如》、《說忠恕之道》、《說道德高於仁義》、《說職位》、《說音韻》、《說自心之思想遷變》；下卷為一批書簡。

《章太炎的白話文》由泰東圖書館出版，系將《教育今語雜識》上所

發表的演講彙集編成。

1922年（民國十一年）

4月至6月，應江蘇省教育會之邀，主講國學，每週一次，共十次，講題為《國學大概》、《治國學之法》、《經學之派別》、《哲學之派別》、《文學之派別》、《國學之進步》。聽講者多至三四百人，最少時亦七八十人。講演記錄有兩個版本，一為曹聚仁所編《國學概論》，一為張冥飛所編《章太炎先生國學講演集》。

5月至6月，直系軍閥曹錕、吳佩孚為反對徐世昌，擬讓黎元洪復大總統職。章致電曹、吳，指出他們不毅然廢巡閱使，以自治還付省民，擁護黎元洪復位，「是謂凶堯」。又秘密致書黎元洪，要黎堅持以廢督裁軍為復位條件。但黎很快就宣佈復總統職。

6月，通電反對以法統已恢復為名壓迫南方各省，支持孫中山為南方自爭生存而北伐。

6月15日，致書柳詒徵，感謝柳對自己先前詆孔之論所作的批評。

6月25日，提出《大改革議》，建議以聯省自治取代中央集權，以聯省參議院取代國會，以委員制取代總統制。

7月，參加上海八團體國是會議國憲草議委員會，力謀在憲法草案中貫徹自己的主張。

7月至8月，籌備建立聯省自治促進會，負責宣言及章程等修改定稿事宜。

8月29日，黎元洪發佈大總統令，授章氏以勳一位。

10月，發表《時學箴言》。

1923年（民國十二年）

2月，孫中山南下，於廣州建立大元帥大本營。章認為此舉於大局有

益無害。

4月，為反對直系軍閥武力統一主義，以孫文、唐繼堯等西南各省領袖名義發表通電，聲明自今以後，西南各省決以推誠相見，共議圖存，以抗直系。此電系章起草，徵詢孫中山等同意後發出。

5月，返杭一周，參加浙江省教育會召開的五四紀念會，發表演說。

6月，直系軍閥逼使黎元洪辭大總統職，控制北京政權。章一再通電抗議，建議黎元洪與國會議員南下。

8月，發起在滬召集各省代表會議，未成。

9月，創刊《華國月刊》，在滬出版。

10月，曹錕賄選為總統。章太炎建議西南或再設軍政府，或建立各省攻守同盟，與北京政府相抗。

1924年（民國十三年）

1月，發表《與章行嚴論改革國會書》，主張以選舉元首、批准憲法之權還之國民，監督政府當規復給事中，監督官吏當規復監察御史。

7月，聯省自治促進會在滬開第三次籌備會，章為主席，要求打破舊有一切團體，以聯治主義為結合之中心。

8月，於《華國月刊》發表《救學弊論》。

11月，馮玉祥倒戈使曹錕被逐後，章太炎發表改革意見書，認為統一不如分治，中央實行總統制不如改行委員制。同時，宣導長江流域之鄂、贛、閩、皖、蘇、浙六省自治。

12月，段祺瑞函聘章太炎為執政府高等顧問，章將原聘書退回。

冬，與馮自由、居正、田桐等共同發出《護黨救國公函》，要求同盟舊人重新集合團體。

《清建國別記》撰成印行。《猝病新論》四卷完成。上海古書流通處

印行《章氏叢書》。

1925年（民國十四年）

1月，段祺瑞邀請章氏赴京出席善後會議，章拒絕參加。

2月，與唐紹儀等組織辛亥同志俱樂部。

6月，發出《為上海英租界巡捕慘殺學生通電》，要求收回租界市政。發表談話，支持實行經濟絕交，說明軍閥已不可恃，所可恃者惟吾民眾。

9月，應湖南省長趙恒惕之邀，赴長沙主考知事。中途在漢口會見蕭耀南，在嶽陽會見吳佩孚。

10月，吳佩孚在漢口就任十四省聯軍總參議，聘章氏為總參議，章辭謝，建議吳順從民意，實行聯省自治。

11月，發起召開蘇、浙、皖、閩、贛五省協會，輔助及監督五省總司令之行動，商討五省興革之事。

12月，發表外交政策通電，反對馮玉祥聯俄。

1926年（民國十五年）

1月，發表對時局意見，認為國內之問題，打倒赤化較之護法倒段更引人注意。

2月，應五省聯軍總司令孫傳芳之邀赴寧商議時局問題。

4月，在滬組織反赤救國大聯合，任理事。又參與發起成立國民外交協會，任名譽會長。

6月，任國民大學校長。

7月，與太虛法師等組織佛化教育會。

8月，應孫傳芳及江蘇省長陳陶遺之邀，到南京就任修訂禮制會會長，行雅歌投壺禮。

8月13日，通電全國，反對蔣介石組織北伐。

1927年（民國十六年）

5月至6月，被指為第一名學閥由上海特別市黨部臨時執委會呈請國民黨中央加以通緝。

7月至11月，居同孚路賃寓，終日宴坐，兼治宋明儒學，藉以懲忿，如是四個月。蔡元培欲章往南京參與教育，張靜江求為其父作墓表，皆拒絕之，表示寧作民國遺民。

1928年（民國十七年）

撰寫《自定年譜》，止於民國十一年。除作詩寫字外，餘更無事。

6月，黎元洪死於天津。章氏挽聯下署「中華民國遺民章炳麟哀挽」。

11月，在招商局輪船公司招待新聞界席上抨擊國民黨以黨治國乃是以黨員治國，攫奪國民政權，主張國民應起而討伐之。上海市黨務指導委員會要求按照懲戒反革命條例對章氏加以通緝。

1929年（民國十八年）

終年閉門杜客，「故書適一啟，蠹食殊無」。對國事、學術俱保持緘默。

1930年（民國十九年）

撰《春秋疑義答問》。

1931年（民國二十年）

繼續蟄居。

九一八事變後，通信中多次議論時事，對蔣介石、張學良拱手將奉、吉讓予日本不滿，也不滿粵方乘機倒蔣，以為蔣為秦檜，粵則石敬瑭。

1932年（民國二十一年）

1月，與熊希齡、馬相伯等組織中華民國國難救濟會，通電要求國民黨各派系或聯合全民總動員，收復失地，或歸政全民，召集國民會議，產

生救國政府，俾全民共同奮鬥。

2月下旬，離滬北上。在天津與段祺瑞討論時局。

3月，在北京會見張學良、吳佩孚。堅持對日本之侵略唯有一戰，號召全國輿論一致督促政府實現此事。同時，在燕京大學、北京師範大學演講。

4月，致書顧維鈞，要他和國際聯盟調查團同到東北，以彰日本人之暴行，啟國聯之義憤。

5月，將《章氏叢書續編》稿本交弟子錢玄同等，令其梓行。

5月下旬，離京赴濟南，至青島，在青島大學等處演講。

6月，返滬。盛暑中撰成《太史公古文尚書說》等。秋，赴蘇州講學，講《儒行要旨》、《大學大義》等，為期一月。

1933年（民國二十二年）

1月，國學會在蘇州成立，李根源為主任幹事，章列名會籍，並撰《國學會會刊宣言》。

同月，馮玉祥派代表來滬與章氏聯絡，章給予支援，並在給馮信中批評蔣介石置外患於不顧，西上剿共，系步西太后「寧送朋友，不送家奴」之後塵。

2月，與馬相伯聯合發表宣言，痛斥日本製造偽滿洲國，說明東三省歷來是中國領土。

3月3日，發表呼籲抗日電，批評國民政府成立以來，勇於私鬥，怯於公戰，九一八以來，繼續以剿匪為名，自圖卸責，致使熱河又複淪陷，此乃自絕於國人，甘心於奴隸者。

3月中旬，赴無錫，在無錫國學專門學校講演，提倡讀史，注意全國之興亡。

4月1日，與馬相伯、沈恩孚聯合宣言，反對當局陽示抵抗以息人言，陰作妥協以受敵餌。

4月上旬，張繼受命勸告章氏安心講學，勿議時事，章覆信指責張這樣做是「效属王之監謗」，悲憤地說：「唯望以中華民國人民之名表吾墓道，乃今亦幾不可得。」

4月27日，與馬相伯聯合通電，警告國人毋幸喜峰口小勝，警告當局「勿幸小勝而忘大虞，勿狃近憂而忽遠慮」。

5月，與馬相伯聯合通電，支持馮玉祥發動察哈爾抗戰。

10月10日，作《民國光復》講演，說明政治至今只有紛亂而無改良，革命尚未成功。

10月下旬，赴無錫國學專門學校講學。

《章氏叢書續編》於6月在北京印行，收錄著作七種：《廣論語駢枝》一卷、《體撰錄》一卷、《太史公古文尚書說》一卷、《古文尚書拾遺》二卷、《春秋左氏疑義答問》五卷、《新出三體石經考》一卷、《菿漢昌言》六卷。

1934年（民國二十三年）

春、夏間，國民黨當局加緊取締抗日言論，章發起成立光復學會，意在以學術振起人心。

秋，由上海遷居蘇州。

冬，發起開辦章氏國學講習會。

1935年（民國二十四年）

春，李烈鈞、居正等舉薦章氏為南京政府高等顧問，章請李根源代為婉辭。陳濟棠邀請章氏赴廣州講學，章適逢鼻菌作忸，未能成行。

3月，蔣介石派丁惟汾至蘇州慰問，並贈萬元為療疾費。章即將此款

移作章氏國學講習會經費。

4月，開辦章氏星期講演會，共九期，講題為《說文解字序》、《白話與文言之關係》、《論讀經有利而無弊》、《論經史實錄不應無故懷疑》、《再釋讀經之異議》、《論經史儒之分合》等，一一都有記錄單行出版。

6月，答張季鸞問政書，號召提倡民族主義之精神。

9月，章氏國學講習會於蘇州錦帆路五十號章氏宅邸正式開辦，學生一百多人。同月，《制言》半月刊創刊，由章任主編。其宗旨是研究中國固有文化，造就國學人才。

12月，北京學生於九日、十六日示威，平津衛戍司令宋哲元發出告學生書，指責有共黨分子欺騙煽動，表示對他們決予以適當之制止。章氏致電宋哲元：「學生請願，事出公誠。縱有加入共黨者，但問今之主張何如，何論其平素？」上海學生赴南京請願，列車過蘇州，章派代表慰勞，要求當局不應貿然加以共產頭銜，武力制止。

1936年（民國二十五年）

冬、春間，於章氏國學講習會議授《小學略說》、《經學略說》、《史學略說》、《諸子學略說》，俱有講演記錄刊行。續講《尚書》。

3月，發起由四十年間及門弟子組織一學會。

5月，《尚書》講畢，新開《說文部首》。鼻衄病急，仍手定《古文尚書拾遺定本》，堅持講課。

6月4日，致書蔣介石，以為今之國計，領土未亡者不可不加意顧全。建議驅使共黨出塞，即以綏遠一區處之，姑以民軍視之，使之與日軍相抗。要求蔣氏開誠佈公，以懸群眾，使將相之視樞府，猶手足之扞頭目。

6月上旬，病勢彌重。草遺囑，僅二語：「設有異族入主中夏，世世子孫毋食其官祿。」

6月14日，因鼻衄病和膽囊炎於晨8時去世。時人評為革命元勳，國學泰斗。國民政府7月9日發佈國葬令，稱：「宿儒章炳麟，性行耿介，學問淹通。早歲以文字提倡民族革命，身遭幽禁，義無屈撓。嗣後抗拒帝制，奔走護法，備嘗艱險，彌著堅貞。居恒研精經術，抉奧鉤玄，究其詣極，有逾往哲。所至以講學為事，歸然儒宗，士林推重。」

　　根據章太炎生前願望，墓址選擇杭州西湖畔張蒼水墓側。因七七事變爆發，戰火逼近蘇州，靈柩暫厝於家邸花園利用原魚池做成的墓穴內。直至1955年4月3日方遷葬於杭州南屏山北麓張蒼水墓東南。1966年秋被掘墓暴屍，墓地後被闢為菜圃。1981年10月找到遺骨，墓被修復。墓碑系章氏被袁世凱囚系期間所自書「章太炎之墓」。

附錄二　主要參考文獻

一、章太炎主要論著

1. 《章氏叢書》，上海右文社，1915年版；浙江圖書館，1919年版；上海古書流通處1924年版。

2. 《章氏叢書續編》，北京1933年版。

3. 《章太炎全集》1—6卷，上海人民出版社，1982年至1986年版。

4. 《訄書》，上海1900年刻本，增補附錄二篇本；上海圖書館藏，1901年手改本；東京翔鸞社，1904年4月修訂本；東京翔鸞社，1904年10月句讀本；東京翔鸞社，1906年7月章太炎校勘本；東京翔鸞社，1906年9月無句讀本；上海人民出版社，1972年大字線裝本；上海古籍出版社，1985年影印原刻手寫底本。

5. 《國學講習會略說》，東京秀光社，1906年版。

6. 《國學振起社講義》，東京秀光社，1906年版。

7. 《國故論衡》，東京秀光社，1910年版。章氏叢書增訂本。

8. 《春秋左傳讀》，坊間石印本；潘承弼複印本；章太炎全集重新編次本。

9. 《章太炎文鈔》，上海中華圖書館，1914年版。

10. 《太炎最近文錄》，上海國學書室，1915年版。

11. 《太炎教育談》，四川觀鑒廬，1920年版。

12. 《太炎學說》，四川觀鑒廬，1921年版。

13. 《章太炎的白話文》，泰東圖書館，1921年版。

14. 《國學概論》，泰東圖書館，1922年版。

15. 《章太炎先生國學講演集》，平民印書局，1922年版。

16.《清建國別記》，上海中華書局代售，1924年印本。

17.《太炎先生自定年譜》；章氏國學講習會排印本；上海書店，1986年影印本，包括初稿本、清稿本等。

18.《章太炎先生講演集》，章氏國學講習會刊本。

19.《太炎文錄續編》，章氏國學講習會排印本；章太炎全集本。

20.《章氏星期講演會》1—9期，章氏國學講習會刊本。

21.《章氏國學講習會講演記錄》1—8期，章氏國學講習會刊本。

22.《章太炎先生家書》，上海中華書局，1962年影印本。

23.《章炳麟論學集》，北京師範大學出版社，1982年版。

24.《章太炎先生學術論著手跡選》，北京師範大學出版社，1986年版。

25.《章太炎書箚》，溫州圖書館抄本。

26.《說文解字箚記》，《魯迅筆記》，上海博物館，1988年影印本。

27.《章太炎政論選集》，中華書局，1977年版。

二、章太炎著作注疏本

1.《國故論衡疏證》，華西大學國學叢書，1940年版。

2.《齊物論釋注》，繆篆注，油印本。

3. 荒木見悟注：《齊物論釋訓注》，日本九州大學文學部哲學研究會《哲學年報》第29—31輯，1970—1972年。

4.《章太炎詩文選注》，上海人民出版社，1976年版。

5. 薑義華等注：《章太炎選集（注釋本）》，上海人民出版社，1981年版。

三、章太炎主編或主持的報刊

1.《時務報》，參與編輯。

2. 《經世報》。

3. 《實學報》。

4. 《譯書公會報》。

5. 《昌言報》。

6. 《臺灣日日新報》。特約撰述。

7. 《蘇報》。

8. 《民報》。

9. 《國粹學報》。參與筆政。

10.《教育今語雜識》。

11.《學林》。

12.《大共和日報》。

13.《華國》月刊。

14.《制言》半月刊。

四、章太炎手稿與檔案

1. 手稿，以北京圖書館、上海圖書館、章氏家屬、杭州章太炎紀念館收藏較多。

2. 檔案，日本外務省外交史料館有關章氏流亡於東京時檔案；南京第二歷史檔案館有關章氏民國時期檔案；長春檔案館有關章氏任東三省籌邊使時檔案。

五、研究著作

1. 侯外盧：《中國近代思想學說史》，生活書店，1947年版。

2. 湯志鈞：《章太炎年譜長編》，中華書局，1979年版。

3. 張玉法：《章太炎》（《中國歷代思想家》），臺北商務印書館，1978年版。

4. 高田淳：《章炳麟・章士釗・魯迅》，東京龍溪書社，1974年版。

5. 高田淳：《辛亥革命と章炳麟の齊物哲學》，東京研文出版，1984年版。

6. 薑義華：《章太炎思想研究》，上海人民出版社，1985年版。

7. 李潤蒼：《論章太炎》，四川人民出版社，1985年版。

8. 唐文權、羅福惠：《章太炎思想研究》，華中師範大學出版社，1986年版。

9. 何成軒：《章太炎的哲學思想》，湖北人民出版社，1987年版。

10.謝櫻寧：《章太炎年譜摭遺》，中國社會科學出版社，1987年版。

11.小野川秀美：《清末政治思想研究》，みすず書房，1969年版。

12.島田虔次：《中國革命の先驅者たち》，築摩書房，1970年版。

13.近藤邦康：《中國近代思想史研究》，勁草書房，1981年版。

14.河田悌一：《中國近代思想と現代》，研文出版，1987年版。

15.章念馳編：《章太炎生平與思想研究文選》，浙江人民出版社，1986年版。

16.章念馳編：《章太炎生平與學術》，生活・讀書・新知三聯書店，1988年版。

17.章太炎紀念館編：《先驅的蹤跡》，浙江古籍出版社，1988年版。

18.薑義華：《章太炎》，臺北東大圖書公司，1991年版。

後　記

　　本書是十一年前撰寫的《章太炎思想研究》及四年前為傅偉勳、韋政通先生主編的《世界哲學家叢書》所寫的《章太炎》二書的改寫本，也反映了近十年來我在章太炎研究方面一些新的心得。錢巨集同志熱心策劃與精心組織編撰和出版這套《國學大師叢書》，原邀請章太炎嫡孫章念馳承擔乃祖評傳撰寫任務。章念馳先生撰寫，必定會有許多特色，惜時間緊迫，章念馳先生近期內難以完成。錢宏同志希望儘早出齊本叢書，而其中章太炎評傳又千萬不可缺少，知我有此稿，乃要求交他編入叢書。我是叢書編委之一，現又被列為顧問，支援錢宏同志工作義不容辭，只好姑以應命，但仍期待章念馳先生早日撰成乃祖評傳。

1994年9月20日於滬上

昌明文庫·悅讀人物　A0603026

章太炎評傳　下冊

作　　　者　姜義華
版權策畫　李　鋒

發 行 人　陳滿銘
總 經 理　梁錦興
總 編 輯　陳滿銘
副總編輯　張晏瑞
編 輯 所　萬卷樓圖書股份有限公司
排　　版　菩薩蠻數位文化有限公司
印　　刷　百通科技股份有限公司
封面設計　菩薩蠻數位文化有限公司

出　　版　昌明文化有限公司
桃園市龜山區中原街 32 號
電話 (02)23216565
發　　行　萬卷樓圖書股份有限公司
臺北市羅斯福路二段 41 號 6 樓之 3
電話 (02)23216565
傳真 (02)23218698
電郵 SERVICE@WANJUAN.COM.TW
大陸經銷
廈門外圖臺灣書店有限公司
　電郵 JKB188@188.COM

ISBN 978-986-496-128-3
2019 年 7 月初版二刷
2018 年 1 月初版
定價：新臺幣 320 元

如何購買本書：

1. 劃撥購書，請透過以下郵政劃撥帳號：
　帳號：15624015
　戶名：萬卷樓圖書股份有限公司
2. 轉帳購書，請透過以下帳戶
　合作金庫銀行　古亭分行
　戶名：萬卷樓圖書股份有限公司
　帳號：0877717092596
3. 網路購書，請透過萬卷樓網站
　網址 WWW.WANJUAN.COM.TW

大量購書，請直接聯繫我們，將有專人為您
服務。客服：(02)23216565 分機 610

如有缺頁、破損或裝訂錯誤，請寄回更換

國家圖書館出版品預行編目資料

章太炎評傳 / 姜義華著.-- 初版.-- 桃園市：
昌明文化出版；臺北市：萬卷樓發行,
2018.01
　冊；　公分.-- (昌明文庫)
ISBN 978-986-496-128-3(下冊：平裝)
1.章炳麟 2.傳記
782.884　　　　　　　　　　　107001393

本著作物經廈門墨客知識產權代理有限公司代理，由百花洲文藝出版社授權萬卷樓圖
書股份有限公司出版、發行中文繁體字版版權。